UNIÃO SOVIÉTICA

COLEÇÃO HISTÓRIA NA UNIVERSIDADE – TEMAS FUNDAMENTAIS

Coordenação Jaime Pinsky e Carla Bassanezi Pinsky

ESTADOS UNIDOS NO SÉCULO XX • Flávio Limoncic
IMPERIALISMO • João Fábio Bertonha
INDEPENDÊNCIA DO BRASIL • João Paulo Pimenta
JUVENTUDE E CONTRACULTURA • Marcos Napolitano
PRÉ-HISTÓRIA DO BRASIL • Pedro Paulo Funari e Francisco Silva Noelli
REVOLUÇÃO FRANCESA • Daniel Gomes de Carvalho
ROTA DA SEDA • Otávio Luiz Pinto
SEGUNDA GUERRA MUNDIAL • Francisco Cesar Ferraz
UNIÃO SOVIÉTICA • Daniel Aarão Reis

Conselho da Coleção
Marcos Napolitano
Maria Ligia Prado
Pedro Paulo Funari

Proibida a reprodução total ou parcial em qualquer mídia sem a autorização escrita da editora.
Os infratores estão sujeitos às penas da lei.

A Editora não é responsável pelo conteúdo deste livro.
O Autor conhece os fatos narrados, pelos quais é responsável, assim como se responsabiliza pelos juízos emitidos.

Consulte nosso catálogo completo e últimos lançamentos em **www.editoracontexto.com.br**.

Daniel Aarão Reis

UNIÃO SOVIÉTICA

Coleção
HISTÓRIA NA UNIVERSIDADE –
TEMAS FUNDAMENTAIS

Copyright © 2023 do Autor

Todos os direitos desta edição reservados à
Editora Contexto (Editora Pinsky Ltda.)

Ilustração de capa
Anônimo, s. d.

Montagem de capa e diagramação
Gustavo S. Vilas Boas

Coordenação de textos
Carla Bassanezi Pinsky

Preparação de textos
Lilian Aquino

Revisão
Ana Paula Luccisano

Dados Internacionais de Catalogação na Publicação (CIP)

Reis, Daniel Aarão
União Soviética : da Revolução ao fim do comunismo /
Daniel Aarão Reis. – São Paulo : Contexto, 2024.
160 p. (Coleção História na Universidade : Temas Fundamentais)

Bibliografia
ISBN 978-65-5541-396-0

1. União Soviética – História I. Título

24-0254   CDD 947.0841

Angélica Ilacqua – Bibliotecária – CRB-8/7057

Índice para catálogo sistemático:
1. União Soviética – História

2024

EDITORA CONTEXTO
Diretor editorial: *Jaime Pinsky*

Rua Dr. José Elias, 520 – Alto da Lapa
05083-030 – São Paulo – SP
PABX: (11) 3832 5838
contato@editoracontexto.com.br
www.editoracontexto.com.br

Sumário

Introdução 7

As Revoluções Russas: 1905-1921 11

A construção do socialismo soviético: 1921-1953 61

A União Soviética entre desafios e reformas: 1953-1985 97

A desagregação da União Soviética: 1985-1991 119

A União Soviética e o século XX 147

Bibliografia 157

Introdução

As Revoluções Russas ocorreram no início do século XX, há pouco mais de 100 anos. Deram origem à União Soviética, que deixou de existir em 1991. Que importância esses processos históricos podem ainda ter nos dias atuais?

As Revoluções Russas simplesmente mudaram a Rússia e o mundo de então. Admiradores e inimigos, entusiastas e detratores, cientistas sociais, historiadores e analistas políticos o reconhecem.

Antes delas, o Império Russo era um grande Estado, o mais extenso do planeta, populoso, rico em recursos naturais, projetando sua cultura em todo o universo, mas os pés do gigante eram de barro, pois suas gentes viviam na miséria e no analfabetismo, e o regime político, regido por uma Autocracia, negava a liberdade e a cidadania a seus milhões de habitantes.

8 UNIÃO SOVIÉTICA

Antes delas, no mundo rivalizavam as grandes potências com seus impérios coloniais e ambições políticas e econômicas, mas todas, em comum, tinham como perspectiva a dominação, e como condição e propósito o desenvolvimento do capitalismo. Por isso, foram à guerra, a Primeira Grande Guerra, entre 1914 e 1918, suscitando catástrofe inédita nos anais da humanidade.

Nada disso se manteve depois das Revoluções Russas.

O Império Russo transformou-se numa superpotência, industrializada e urbanizada, dotada de sistemas públicos de saúde e de educação, capazes de competir com o que havia de melhor no mundo, superando a miséria e o analfabetismo.

O mundo também mudou, diversificou-se. Em face das concepções e dos métodos capitalistas, ergueu-se uma alternativa de organização de sociedade e de Estado inspirada em perspectivas e propostas socialistas. Diante da destruição da guerra e da rivalidade entre as potências, surgiram ideias de construção da paz entre povos que se ajudariam e se apoiariam. Em lugar das desigualdades sem fim, concepções igualitárias. Em vez de um destino fechado, apertado por pesados grilhões, a abertura de horizontes que pareciam infinitos. Contra a resignação fatal aos ditames de circunstâncias inescapáveis, a vontade – livre – de construção de uma sociedade e de um destino alternativos, abertos à elaboração da utopia em que o livre desenvolvimento de cada um fosse a condição do livre desenvolvimento de todos.

Entretanto, as promessas dessas mudanças não se realizaram.

O socialismo não triunfou no mundo, sequer entre as sociedades mais desenvolvidas do ponto de vista capitalista, conforme previam – e desejavam – os pensadores socialistas do século XIX. Quanto à União Soviética, apesar dos progressos materiais e sociais, não conseguiu superar as tradições de desigualdade social e nacional e de opressão política, reproduzindo, em escala ampliada, em determinados momentos, condições particularmente cruéis de tirania e servidão.

As circunstâncias adversas tiveram aí certamente seu papel. Mas os caminhos escolhidos tiveram também muito a ver com as opções das forças sociais e das lideranças políticas envolvidas, pois o destino humano nunca está exaustivamente traçado pelos contextos sociais.

Assim, das esperanças universais passou-se à defesa prioritária dos interesses nacionais do novo Estado – a União Soviética –, embora esta desempenhasse papel ativo no desmoronamento dos impérios coloniais regidos pelas potências capitalistas. As utopias igualitárias renderam-se a desigualdades crescentes no interior de uma sociedade cada vez mais complexa. Em vez de revolucionar o mundo, a União Soviética ajustava-se a ele. Em sua última fase, premida por contradições internas e externas, decidida a empreender um inquérito radical sobre suas deficiências e insuficiências, a União Soviética, surpreendendo mais uma vez o mundo, desagregou-se, tragada por uma história que não conseguiu revolucionar.

Entre seus numerosos e complexos legados, ficou a elaboração – teórica e prática – de um novo e imprevisto tipo de socialismo: o socialismo autoritário, distante das propostas que estiveram nas origens das revoluções históricas, um desafio para a eventual reinvenção do socialismo no século XXI.

* * *

Este livro, dividido em cinco capítulos, tem como objetivo traçar a trajetória desta história complexa: da improvável vitória das Revoluções à ainda mais improvável desagregação da União Soviética.

O primeiro capítulo estuda as Revoluções que, entre 1905 e 1921, estiveram na gênese da União Soviética. Ao contrário do senso comum, reproduzido no centenário da Revolução de Outubro, em 2017, houve dois ciclos revolucionários na Rússia em começos do século XX: um ciclo democrático e, mediado por um interregno, um ciclo autoritário. Seis processos revolucionários, de importância desigual, mas com efetivo impacto histórico, desdobraram-se neste período, dando origem ao socialismo soviético.

No segundo capítulo, após os anos 1920 de tateamento (vigência da Nova Política Econômica), a atenção volta-se para a construção das bases econômicas e sociais do socialismo soviético no contexto de uma nova revolução, pelo alto, empreendida pelo Estado. São então objetos de análise: a coletivização forçada, a industrialização acelerada com base em grandes polos de desenvolvimento, a estruturação da economia militarizada e mobilizada, a plebeização do poder, a formulação dos mitos da "fortaleza sitiada" e do culto à personalidade, a repressão como vetor de intimidação e de mobilização social. Também aqui são considerados a participação da URSS na Segunda Guerra Mundial e os últimos anos de dominação de J. Stalin.

O terceiro capítulo considera a evolução complexa da União Soviética entre a morte de J. Stalin e o início da Perestroika/Glasnost (1953-1985). No contexto da Guerra Fria (1946-1991), ocorreu o auge da força da URSS nas relações internacionais. Competindo com os EUA em quase todos os campos (corrida armamentista, conferências diplomáticas, equilíbrio atômico, competições esportivas, corrida espacial, equilíbrios geopolíticos, lutas armadas de libertação nacional etc.), a URSS construiu uma espécie de condomínio com seus rivais no domínio do mundo. Entretanto, no quadro da revolução científico-tecnológica, despontado desde os anos 1970-1980, evidenciaram-se problemas e contradições com os quais o sistema soviético, construído nos anos 1930, tinha crescentes dificuldades em lidar. Havia a consciência da necessidade de reformas, políticas foram pensadas nesse sentido, mas não foram eficazes, fazendo crescer as pressões de todo o tipo por mudanças cada vez mais inadiáveis.

O quarto capítulo investiga o último período da União Soviética, em que perspectivas reformistas, afinal definidas, envolveram a sociedade e o Estado soviéticos entre 1985 e 1991. Foram os tempos da Perestroika, liderada por M. Gorbatchev – o que, uma vez mais, surpreendeu o mundo, abalando as concepções daqueles que imaginavam a URSS como uma sociedade congelada, incapaz de dinâmicas internas. Entretanto, circunstâncias adversas e opções inadequadas acabaram gerando o descontrole, o caos e a desagregação do socialismo soviético.

O quinto e último capítulo do livro apresenta um balanço histórico da experiência soviética. As realizações internas, seus limites e suas contradições. As relações com o mundo capitalista, sobretudo no período da Guerra Fria, depois da Segunda Guerra Mundial. A participação e o papel da URSS na expansão do socialismo no mundo e na decomposição dos impérios coloniais. Finalmente, consideram-se os debates historiográficos em torno do socialismo soviético e da teoria socialista.

A União Soviética desapareceu, mas as reverberações do socialismo autoritário permanecem em várias sociedades (China, Vietnã, Coreia do Norte, Cuba) comprometidas com o socialismo. Como se o eco das Revoluções e do socialismo soviético ainda ressoassem.

Se é certo dizer que as Revoluções Russas ocorreram há mais de 100 anos e que a União Soviética desapareceu há 30 anos, não é menos certo afirmar que é impossível compreender o século XX e aspectos importantes do século XXI sem o estudo dessas decisivas experiências históricas.

As Revoluções Russas: 1905-1921

AS TRADIÇÕES IMPERIAIS E REVOLUCIONÁRIAS

A história da União Soviética tem início com revoluções que ocorreram no começo do século XX. Para compreendê-las, é preciso considerar o contexto histórico que as condicionou.

O Império Russo, no oriente da Europa, detinha vastas extensões de terra, mais de 22 milhões de quilômetros quadrados. Ele se constituiu através de guerras, a partir do principado de Moscou. A expansão começou em fins do século XV e em meados do século XIX resultara num imenso Estado, anexando terras e povos não russos: quase 50% da sua população.

Mapa 1 – O Império Russo

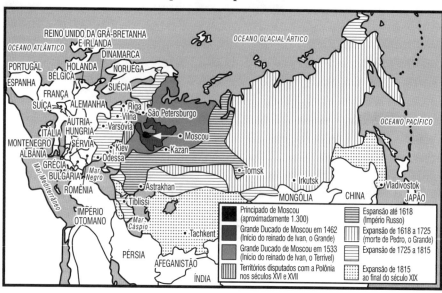

Entre a Europa e a Ásia, o Império incorporou características dos dois continentes. Da Europa Ocidental e Central tentou assimilar valores culturais e padrões de desenvolvimento econômico. Da Ásia – da China, em particular – importou referências para a estruturação do poder político – a *Autocracia*. A conjugação desses aspectos conformou sínteses originais. A Autocracia funde poder e religião, submetendo a Igreja Ortodoxa. O czar é expressão terrena da vontade divina. Nesse quadro, conforme assinalou o historiador C. Ingerflom, a política é *negada* como atividade humana. Todas as classes e categorias sociais são submetidas, excluindo-se mediações intermediárias. O termo russo *gosudarstvo*, até hoje empregado para traduzir a palavra *Estado*, elaborado no Ocidente europeu, deriva de *gosudar*, que significa "amo". O domínio do amo impõe-se por sua natureza. Ademais, aparece como uma *necessidade*, condicionada pelas guerras e, por isso mesmo, desejada e venerada.

No contexto do Império, a dominação é assegurada pela polícia política, a *Okhrana*; pela burocracia civil e militar, sem nenhum controle da sociedade; e, sempre que necessário, pelas Forças Armadas, em especial, as tropas de *cossacos*, de grande valor nas guerras externas e na repressão aos movimentos sociais que desafiam a ordem.

A Rússia era uma formação social agrária (85% da população trabalhava no campo), baseada na dominação de grandes proprietários, quase todos nobres e letrados, sobre os camponeses, o que constituía o *nexo rural,* segundo o historiador M. Lewin. Subordinados pela Autocracia, os donos das terras dispunham em suas propriedades de todo o poder, privilégios e direitos, até sobre a vida dos camponeses (*mujiques*). Estes, iletrados na grande maioria, agrupavam-se no seio de comunidades tradicionais (o *mir*), reminiscências de antigos tempos, que detinham a posse de terras comuns (as mais desvalorizadas), periodicamente redistribuídas, reunindo-se no quadro de assembleias (o *skhod*), excluídas as mulheres. Além de cuidar de seus lotes, eram obrigados a trabalhar nas terras dos senhores. Em geral, viviam em situação de pobreza e baixa produtividade. Entre os camponeses havia, porém, diferenças sociais: os *kulaks* (punho, em russo) eram os mais abastados; os *seredniaks*, medianos, sobreviviam na autossubsistência; os *bedniaks*, mais pobres, mal conseguiam prover o seu sustento e o de suas famílias; e os *batraks*, proletários rurais, trabalhavam em grandes propriedades. Por sobre essas diferenças, contudo, existia uma comum desconfiança das cidades, cujos representantes eram associados a impostos e à conscrição militar. E uma comum aspiração à terra, a toda a terra, concebida como uma dádiva da natureza e de Deus, a ser desfrutada apenas pelos que a trabalhavam com os próprios braços.

O *nexo rural,* baseado na *servidão,* sofreu o impacto de reformas na década de 1860. Elas se tornaram necessárias para tentar corrigir o enfraquecimento da Rússia em relação aos principais Estados europeus. O Império Russo, vitorioso nas Guerras Napoleônicas (1803-1815), inspirador da Santa Aliança, em 1815, defensor da ordem durante as revoluções de 1848, não conseguira incorporar os avanços econômicos e militares acelerados na primeira metade do século XIX. Nas disputas com a Inglaterra e a França pelo controle do Império Otomano, a rivalidade desembocou na Guerra da Crimeia (1853-1855), resultando na derrota da Rússia. O revés, acompanhado por grandes revoltas agrárias, amadureceu a necessidade de mudanças internas.

Por decreto do czar Alexandre II, aboliu-se a servidão em fevereiro de 1861. Outras reformas abrangeram instituições políticas, jurídicas, educacionais e militares, destinadas à modernização do Império. Os resultados suscitaram controvérsias. A servidão foi abolida, mas os camponeses permaneceram como *cidadãos de segunda classe.* Além disso, frustrou-se a aspiração a terras. As que lhes foram atribuídas eram de má qualidade e sua aquisição lhes foi imposta por preços mais altos do que valiam. Também os nobres não ficaram satisfeitos, pois perderam o controle estrito que tinham sobre a mão de obra. O grande beneficiário foi o Estado, que reforçou sua preeminência.

14 UNIÃO SOVIÉTICA

Outros ciclos reformistas seriam empreendidos antes das Revoluções.

O desenvolvimento industrial, na última década do século XIX, provocou um surpreendente *boom* econômico, baseado nas estradas de ferro, financiadas pelo Estado e por empréstimos internacionais, na importação de capitais europeus e no desenvolvimento de indústrias modernas em São Petersburgo, em cidades do ocidente do Império, mas também em Moscou e áreas próximas. Entre 1906 e 1911, outras reformas visaram criar uma classe de pequenos proprietários agrícolas, autorizando os camponeses mais empreendedores a se separarem das comunidades tradicionais e a se constituírem em proprietários privados, financiados por agências estatais criadas para esse fim.

Essas reformas tiveram grande importância. Num contexto de desigualdades, entrelaçaram-se aspectos *atrasados* e *modernos*. Articulavam-se num contexto que L. Trotski, revolucionário e teórico, conceituou como um desenvolvimento *desigual e combinado*, ensejando contradições que poderiam se tornar explosivas.

As tradições imperiais de opressão e exploração sempre foram contestadas. No campo, as revoltas lideradas por Stepan T. Razin, no século XVII, e por Iemelian I. Pugatchev, em meados do século XVIII, expropriaram terras, incendiaram propriedades e mataram proprietários e seus capangas, assustando as elites. No século XIX, as revoltas agrárias desempenharam papel decisivo na abolição da servidão e nas demais reformas dos anos 1860. Em fins do século, nova onda de protestos abalaria o Império.

Nas cidades, a nascente classe operária, sob padrões tecnológicos de fins do século XIX, trabalhava em condições de trabalho do século anterior, garantindo superlucros aos capitalistas estrangeiros e nacionais. Sem direitos, reprimidos, os operários manifestavam-se através de protestos e greves consideradas ilegais. Nas Forças Armadas, os marinheiros constituíam um núcleo particular: condições duras de vida e de trabalho, combinadas a padrões coletivos de organização e a exigências técnicas relativamente altas impostas pelo manejo dos grandes navios de guerra, fariam deles um fator permanente de contestação à ordem.

Os movimentos insurgentes entre as nações não russas do Império constituiriam um outro fermento de insatisfação. As reformas modernizantes não alteraram a situação dessas nações, submetidas à dupla opressão, das próprias elites e do poder imperial. O descontentamento, sempre latente, manifestava-se através de variadas formas de resistência.

Mapa 2 – Repúblicas e Nacionalidades

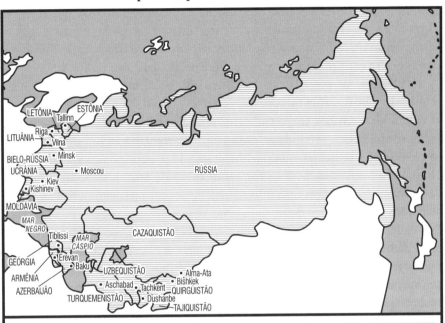

LITUÂNIA	LETÔNIA	ESTÔNIA
• População: 3,7 milhões de habitantes Lituanos 80% / Russos 9% Poloneses 8% / Bielorrussos 2% • Data da Independência: 11/03/1990 • Peso econômico: 1,2% do PNB da União Soviética	• População: 2,7 milhões de habitantes Letões 54% / Russos 33% / Bielorrussos 5% Ucranianos 3% / Poloneses 3% • Data da Independência: 21/10/1991 • Peso econômico: 1,1% do PNB da União Soviética	• População: 1,6 milhão de habitantes Estonianos 65% / Russos 28% Ucranianos 3% • Data da Independência: 21/10/1991 • Peso econômico: 0,6% do PNB da União Soviética
RÚSSIA	**CAZAQUISTÃO**	**UZBEQUISTÃO**
• População: 148 milhões de habitantes Russos 82,6% / Tártaros 3,6% Ucranianos 3% • Peso econômico: 61,1% do PNB da União Soviética	• População: 16,7 milhões de habitantes Russos 41% / Cazaques 38% / Alemães 6% Ucranianos 6% / Tártaros 2% • Data da Independência: 16/12/1991 • Peso econômico: 4,3% do PNB da União Soviética	• População: 20,3 milhões de habitantes Uzbeques 69% / Russos 11% Cazaques 4% / Tártaros 2% • Data da Independência: 31/08/1991 • Peso econômico: 3,3% do PNB da União Soviética
QUIRGUISTÃO	**TAJIQUISTÃO**	**TURQUEMENISTÃO**
• População: 4,3 milhões de habitantes Quirguizes 48% / Russos 26% / Uzbeques 12% Ucranianos 3% / Tártaros 2% • Data da Independência: 31/08/1991 • Peso econômico: 0,8% do PNB da União Soviética	• População: 5,2 milhões de habitantes Tajiques 60% / Uzbeques 23% / Russos 8% • Data da Independência: 09/09/1991 • Peso econômico: 4,3% do PNB da União Soviética	• População: 3,6 milhões de habitantes Turquemenes 70% / Armênios 9% / Russos 13% Uzbeques 9% / Cazaques 3% • Peso econômico: 0,8% do PNB da União Soviética
AZERBAIJÃO	**ARMÊNIA**	**GEÓRGIA**
• População: 7,1 milhões de habitantes Azeris 78% / Russos 8% Armênios 7% • Data da Independência: 30/08/1991 • Peso econômico: 1,7% do PNB da União Soviética	• População: 3,3 milhões de habitantes Armênios 90% / Azeris 5% Russos 2% / Curdos 2% • Data da Independência: 23/09/1991 • Peso econômico: 0,9% do PNB da União Soviética	• População: 5,4 milhões de habitantes Georgianos 70% / Armênios 9% / Russos 7% Azeris 5% / Curdos 2% • Data da Independência: 09/04/1991 • Peso econômico: 1,6% do PNB da União Soviética
MOLDÁVIA	**UCRÂNIA**	**BIELO-RÚSSIA**
• População: 4,3 milhões de habitantes Moldavos 64% / Ucranianos 14% Russos 13% / Gagauzes 3,5% • Data da Independência: 27/10/1991 • Peso econômico: 1,2% do PNB da União Soviética	• População: 51,8 milhões de habitantes Ucranianos 73% / Russos 21% • Data da Independência: 24/10/1991 • Peso econômico: 16,2% do PNB da União Soviética	• População: 10,2 milhões de habitantes Bielorrussos 79% / Russos 12% Poloneses 4% / Ucranianos 2% • Data da Independência: 25/10/1991 • Peso econômico: 4,2% do PNB da União Soviética

* PNB: Produto Nacional Bruto

Caberia ainda enfatizar o papel das mulheres. Com diversas orientações, lutariam contra a Autocracia czarista e o regime patriarcal que marcava com o selo conservador, transversalmente, todas as categorias e classes sociais. Movimentos de resistência e revoltas sociais conformariam *tradições revolucionárias* que se exprimiriam através de tendências e partidos políticos.

Os *populistas* propunham uma alternativa *socialista agrária*, baseada em comunidades e instituições camponesas (o *mir* e o *skhod*). Derrubada a Autocracia, as comunidades rurais empreenderiam um salto histórico diretamente a uma sociedade socialista, evitando-se os horrores do capitalismo industrial europeu (proletarização das gentes, miséria urbana etc.). O populismo russo, desde os anos 1840-1850, vertebrou distintas formas de luta e de organização: deslocamento de militantes ao campo, incentivo à revolta social, pedagogia revolucionária, atentados a personagens do regime. Uma de suas organizações, *Narodnaia Volia* (Vontade/Liberdade do Povo) matou o czar Alexandre II, em 1881. Foi no contexto da história do populismo que surgiu um termo específico: a *intelligentsia*. De origem latina, a palavra designava pessoas que se dedicavam à crítica ao regime político e a pensar métodos de transformá-lo. Em 1902, reivindicando a tradição populista, formou-se o Partido Socialista Revolucionário.

Os *sociais-democratas*, inspirando-se na teoria marxista, concebiam a revolução social como uma *lei da história*. A classe operária, à qual se atribuía a missão de emancipar a humanidade, dirigiria o processo. Cabia ao partido social-democrata introduzir a teoria revolucionária na classe operária. Da fusão entre classe e partido, surgiria o movimento revolucionário. Os sociais-democratas incentivavam o potencial revolucionário da classe operária, em rápido crescimento a partir da década de 1880. No processo da revolução, distinguiam-se duas etapas: na primeira, a Autocracia czarista seria derrubada por uma ampla frente social (burguesia, pequena-burguesia, operários e camponeses), dando lugar a uma república democrática. A partir de então é que se abririam os horizontes da luta pelo socialismo. Os primeiros partidos social-democratas formaram-se na última década do século XIX: a União Geral Operária Judaica da Lituânia, Polônia e Rússia (o Bund), em 1892, e o Partido Socialista do Reino da Polônia e da Lituânia, em 1894. Depois de uma tentativa frustrada, em 1898, formou-se o Partido Operário Social-Democrata Russo (POSDR), em 1903. Embora de acordo sobre a teoria das duas etapas, os sociais-democratas se dividiriam em torno de concepções de organização: uma ala tinha uma concepção mais estrita da militância partidária, os bolcheviques (de *bolche*, maioria), e outra, mais flexível, os mencheviques (de *menche*, minoria). A cisão conheceu zigue-zagues, mas se consolidou mais tarde, em 1917.

Os *anarquistas* constituiriam uma outra tendência. Críticos aos partidos políticos, formavam grupos autônomos. Suas ideias teriam pontos de contato com as teses populistas (organizações descentralizadas, poder local) e com as perspectivas social-democratas (potencial revolucionário dos operários). Enfatizavam o poder local, a auto-organização das gentes e a desconfiança do poder centralizado.

Os *liberais* desempenhariam um certo papel nas lutas contra o czarismo. Sua inspiração mais remota datava da Revolta Dezembrista, empreendida por nobres contra a Autocracia em 1825. No século XX, organizaram uma revista no estrangeiro, a *Emancipação*, em 1902. Hesitando entre a monarquia constitucional e a república democrática, receavam que a luta contra o czarismo pudesse questionar sua liderança ou até mesmo sua existência.

As nações não russas também formariam grupos e partidos políticos, principalmente no ocidente do Império (Polônia, Finlândia e Estados bálticos), mas também no Cáucaso (Armênia e Geórgia) e entre as nações muçulmanas. Reprimidos, resistiam sob formas embrionárias. No contexto das Revoluções, brotariam com força inegável.

A REVOLUÇÃO DE 1905

A revolução que abre o ciclo que levaria à formação da União Soviética teve início em janeiro de 1905, e exprimiu o antagonismo crescente entre os padrões de desenvolvimento econômico e social e as formas políticas autocráticas.

Enquanto o contexto das relações internacionais e o desenvolvimento capitalista conferiam dinamismo e complexidade ao Império, a Autocracia surgia como um freio à expansão desse processo.

A ascensão ao poder de Nicolau II, em 1894, enrijeceu ainda mais o poder autocrático. O novo czar era um fiel devoto do caráter ilimitado do poder autocrático. Aos reclamos por liberdades e participação, respondia com repressão, sem nenhum aceno a perspectivas reformistas que, em certos momentos do passado, haviam caracterizado a ação governamental.

Foi neste quadro que se iniciou, em fevereiro de 1904, a Guerra Russo-Japonesa. Já de há muito se avolumavam, no processo da expansão das grandes potências capitalistas na Ásia, em particular, na China, as contradições entre os imperialismos russo e japonês pelo controle do nordeste na China. Depois de constatar o fracasso de conversações diplomáticas, o Japão resolveu atacar. A guerra resultou em sucessivos desastres militares para o Império Russo. As exortações nacionalistas tinham pouco efeito, pois era impossível provar que os

18   UNIÃO SOVIÉTICA

interesses nacionais estivessem em jogo. Setores das elites sociais compreenderam que a Rússia se envolvera numa aventura perdida e começaram a se movimentar.

No início de novembro, reuniu-se em São Petersburgo o primeiro congresso dos *Zemstvos*, instituições provinciais com poderes políticos limitados, mas com expressão social considerável na época. Formulou-se um programa prevendo-se a inviolabilidade da pessoa e do domicílio, liberdade de consciência, de imprensa e de reunião, tribunais independentes, igualdade de direitos cívicos e criação de mecanismos de controle do poder político.

Na sequência, centenas de personalidades passaram a se reunir em jantares ou banquetes (uma modalidade de protesto inspirada pela Revolução Francesa de 1848), realizados em São Petersburgo, em Moscou e em outras cidades. Ocorreram também manifestações estudantis em São Petersburgo, em Moscou e em Varsóvia, na Polônia russa, pela convocação de uma Assembleia Constituinte.

Nos começos de dezembro, explodiu uma greve na indústria petrolífera de Baku, liderada pelos sociais-democratas. Antes do fim do ano, a Rússia registrou novo desastre militar: a capitulação final de Port Arthur. Surgiu, então, um novo ator: as camadas populares de São Petersburgo.

Sob liderança de um padre ortodoxo, J. Gapon, a ideia de elaborar as demandas populares através de uma petição pública e levá-la diretamente ao czar amadureceu. A petição sintetizava o nível de consciência das camadas populares, evidenciando o entrecruzamento de temporalidades. Invocações religiosas antigas e expectativas milenaristas mesclavam-se com pautas políticas modernas.

As datas na Rússia

As datas na Rússia eram tributárias do *calendário Juliano*, formulado sob Júlio César, em 46 antes da nossa Era (a.e.c.). Em 1582, o calendário foi reformulado sob os auspícios do papa Gregório XIII, dando lugar ao *calendário gregoriano*, não reconhecido pelos cristãos ortodoxos russos. Entre os dois calendários, no século XX, havia uma defasagem de 13 dias. Assim, a Revolução de 24-25 de outubro na Rússia correspondeu a 7-8 de novembro de 1917 na Europa e onde mais o calendário gregoriano fosse adotado. Só a partir de 1º de fevereiro de 1918 é que, por iniciativa do novo governo revolucionário, a Rússia adotou o calendário gregoriano. Em consequência, as datas registradas neste livro observam o calendário juliano, adotado na Rússia até 1º de fevereiro de 1918.

Fixou-se a data do domingo, 9 de janeiro de 1905, para uma grande manifestação popular. Os trabalhadores, suas mulheres e filhos, deslocariam-se ao Palácio de Inverno, sede do poder em São Petersburgo. A petição recebeu em quatro dias 150 mil assinaturas. A temperatura esquentou com uma greve que, iniciada em 3 de janeiro, alcançou 200 mil operários no dia 8.

**Petição dos trabalhadores
de São Petersburgo ao czar Nicolau II**

Amo,

"Nós, trabalhadores da cidade de São Petersburgo [...], vimos a Ti, amo, à procura de Justiça e Proteção.

Somos [...] tratados como escravos [...].

Para nós chegou o momento terrível, quando a morte é melhor do que a continuação de insuportáveis tormentos.

Amo! somos mais de trezentos mil aqui [...].

Para curar nossas feridas, são medidas indispensáveis e nós Te falamos sobre elas [...] como pai e amo.

1. Liberdade e inviolabilidade da pessoa, liberdade de palavra, imprensa, liberdade de reunião, liberdade de consciência [...].

2. Educação pública e obrigatória por conta do Estado.

3. Responsabilidade dos ministros perante o povo e garantias de uma ordem legal.

4. Igualdade de todos perante a lei [...].

5. Imediato retorno de todos que sofrem por suas convicções.

Eis, Amo, nossas principais necessidades, com as quais viemos a Ti!

[...]

Temos apenas dois caminhos: ou a liberdade e a felicidade, ou o túmulo. Mostra, Amo, qual deles [...] nós iremos sem objeções, embora o caminho possa ser a morte.

(Fonte: *Crônica Vermelha* [em russo]. Leningrado, n. 2, 1925, pp. 30-31.)

Em resposta, o governo reforçou a guarnição militar e decretou estado de sítio.

Na manhã de 9 de janeiro de 1905, manifestantes moveram-se para o centro da cidade. Foram recebidos com salvas de metralha. O governo reconheceu 96 mortos e 333 feridos, mas estimativas de historiadores calculam 200 mortos e cerca de 800 feridos.

Em meio à grande repercussão internacional, o massacre suscitou uma quebra de confiança no czar, mas a Autocracia não se sensibilizou com a tragédia. Na versão oficial, tudo se devera a uma conspiração urdida pelos inimigos da Rússia. Dias depois, o czar se permitiu declarar que perdoava os manifestantes. Seguiram-se centenas de prisões.

Entretanto, os estudantes e o movimento liberal mantiveram manifestações e protestos. A greve geral em São Petersburgo se prolongou até o dia 17 de janeiro, além de outras paralisações em Moscou e outras cidades. Entre as nações não russas, eclodiu uma greve geral em Varsóvia e manifestações na Letônia. Em janeiro-fevereiro, houve quase 650 mil grevistas. Em 2 meses, mais do que nos últimos 10 anos.

Enquanto as notícias sobre a guerra continuavam desalentadoras, multiplicaram-se atentados contra personalidades do regime, como o que matou o grão-duque Sergio Alexandrovitch, tio do czar.

Em 18 de fevereiro, no aniversário da reforma que abolira a servidão, uma primeira concessão: o autocrata (o czar) anunciou a formação de uma comissão para estudar a conveniência de *reformas progressivas*. O convite era uma espécie de legitimação das manifestações em curso.

As elites sociais responderam com a formação de Uniões. Universitários, advogados, jornalistas, escritores, médicos, farmacêuticos, agrônomos, empregados dos Zemstvos, professores, contadores organizaram-se como categorias profissionais. Em fins de abril, existiam 14 Uniões, entre as quais uma formada por mulheres. Em maio, constituiu-se a União das Uniões. Em seu programa, figurava a demanda por uma Assembleia Constituinte baseada no sufrágio universal.

Desde fevereiro, entraram em cena os movimentos camponeses, acionando suas tradicionais formas de luta: boicotes, não pagamento das rendas, corte ilegal de madeira, pilhagem e incêndio das moradias dos grandes proprietários. Em 24 de maio, formou-se uma União Camponesa panrussa, que aderiu à União das Uniões e programou um congresso geral para o verão. Entre as nações não russas, demandas sociais e políticas articulavam-se com a denúncia da opressão política, cultural e religiosa.

Em maio, teve início uma segunda onda de greves, alcançando 200 mil trabalhadores em numerosas cidades para além de São Petersburgo e Moscou. Os operários reivindicavam redução das jornadas de trabalho, reajustes salariais, supressão das revistas humilhantes, direito de greve, legalização dos sindicatos, seguro-saúde, melhoria das condições de vida. Entre as nações não russas, cresciam os movimentos nacionalistas.

AS REVOLUÇÕES RUSSAS: 1905-1921 **21**

Os partidos socialistas reforçavam-se, apresentando as propostas mais radicais: derrubada da Autocracia, fundação de uma república democrática, convocação de uma Assembleia Constituinte eleita com base no sufrágio universal, igual e secreto.

Foi nesse contexto que surgiu na cidade de Ivanovo-Voznessensk, centro industrial têxtil na província de Vladimir, ao norte de Moscou, uma forma de organização original, um *conselho* (*soviete*) operário. Em greve desde o dia 12 de maio, para proteger seus dirigentes, surgiu a ideia de que eles não teriam mandato fixo, alternando-se a cada assembleia e podendo ser revogados a qualquer momento. Em certa altura, o soviete chegou a assumir funções na organização da vida e do abastecimento da cidade. A greve ensejou violentos enfrentamentos, e o primeiro soviete da história se dissolveu depois de 65 dias de luta, mas a experiência deixaria marcas duradouras e seria retomada em outras cidades. Enquanto os anarquistas aderiram sem reservas à nova forma de organização, os sociais-democratas e socialistas revolucionários (SRs) adotariam postura cautelosa. Pouco depois, entretanto, renderam-se à dinâmica dos sovietes, que se tornaram grandes órgãos de coordenação da luta popular.

Em meados de maio, sobreveio mais uma derrota catastrófica da Rússia na guerra. A grande frota do Báltico foi destruída no estreito de Tsushima. Na sequência, houve a insurgência dos marinheiros do couraçado Potemkin, em 14 de junho, imortalizada em filme de S. Eisenstein. Os marinheiros se revoltaram contra a carne podre servida a bordo, tomaram conta do navio, mataram oficiais e seguiram rumo à Romênia, onde se exilaram.

Não restou outra opção à Autocracia além de concordar com negociações de paz. Com mediação estadunidense, assinou-se a paz em Portsmouth (New Hampshire), em 23 de agosto de 1905.

Antes disso, ainda nos começos de agosto, o czar anunciou uma nova concessão: a eleição de uma *Duma* (*assembleia* em russo), a ser escolhida no mês de janeiro seguinte. Mas a assembleia seria tão limitada e eleita com tantas restrições que a proposta suscitou protestos gerais, embora os liberais vissem nela uma abertura ao jogo político. Os socialistas e os anarquistas conclamaram ao boicote das eleições e ao chamamento da ação revolucionária.

Mesmo após a assinatura da paz em Portsmouth, continuava a efervescência revolucionária. Em meados de setembro, uma greve dos tipógrafos em Moscou ensejou enfrentamentos violentos. Pouco depois, em 8 de outubro, os ferroviários decretaram uma greve geral na rede de estradas de ferro, apoiada pela União das Uniões. Em 12 de outubro, a greve estendia-se a numerosos serviços e indústrias, alcançando, pouco depois, os telefones, os telégrafos e os serviços elétricos. No dia 14, já havia um milhão e meio de grevistas. A greve assumia um caráter político, propondo-se à derrubada da Autocracia e à fundação de uma república democrática.

O agravamento da situação forçou a Autocracia a novas concessões, que vieram a público através do Manifesto de 17 de outubro. Pela primeira vez na história da Rússia, o poder reconhecia a vigência das liberdades cívicas fundamentais: consciência, palavra, associação e reunião. Além disso, prometia que nenhuma lei nova entraria em vigor sem aprovação da Duma. As eleições convocadas para janeiro seriam mantidas, mas sem o reconhecimento do sufrágio universal. Ainda estava longe um regime constitucional, mas a Autocracia fizera concessões inéditas.

Os liberais dividiram-se. Os mais moderados autodenominaram-se *outubristas*, por considerarem que o Manifesto lançara bases suficientes para o futuro. Já outras alas eram favoráveis a manter a pressão por uma Assembleia Constituinte. Fundou-se então, ainda em outubro, o Partido Constitucionalista Democrático (o Kadete, da sigla KD, em russo; seus membros eram conhecidos por kadetes).

As correntes socialistas, por sua vez, desconfiavam das concessões e conclamavam as forças populares a continuarem a luta. As contradições políticas e sociais radicalizavam-se.

As forças conservadoras passaram à ofensiva com as *centúrias negras*, milícia privada apoiada pela polícia política, que, acionando a tradição de fazer dos judeus bodes expiatórios, desencadeou dezenas de massacres (*pogroms*), destacando-se o realizado em Odessa, entre 18 e 21 de outubro.

No campo popular, em fins desse mês, os marinheiros de Kronstadt e de Sebastopol amotinaram-se, suscitando greves de solidariedade. Ao mesmo tempo, uma onda de sublevações agrárias agitava as províncias. O congresso dos deputados camponeses, realizado em novembro, em Moscou, aprovou propostas por uma Assembleia Constituinte e pela tomada à força das terras.

Os sovietes espalhavam-se pelo Império, formando-se em dezenas de cidades na Ucrânia, na região de Moscou, nos Urais. O de São Petersburgo sustentou embates com o governo ao longo de um pouco mais de um mês e meio, até ser dissolvido pela polícia em fins de novembro. O soviete de Moscou, fundado em 22 de novembro, protagonizou os enfrentamentos mais violentos. Convocou uma greve geral política pela derrubada da Autocracia czarista. Iniciada em 7 de dezembro, a mobilização foi esmagada a ferro e fogo. Milhares de feridos e centenas de mortos entre os revoltosos.

Em muitas outras cidades, também ocorreram sublevações urbanas, organizadas pelos sovietes locais. Na Ucrânia, em Kharkov, Kiev, em Rostov no Don, em Novarossia; na Rússia europeia, em Tver, Nizhny Novgorod, Saratov; em Minsk, na Bielo-Rússia; em Reval e Kovno, no Báltico; na Geórgia, em Tiblissi; na Sibéria, em Krasnoyarsk e Tchita. Foram, uma a uma, aniquiladas.

Em fins de dezembro, reinava a ordem no Império. Apesar das rebeliões camponesas, ainda ativas durante os primeiros meses de 1906, e das expectativas dos revolucionários, a Revolução de 1905 estava encerrada.

A REAÇÃO CONSERVADORA: 1906-1914

Até abril de 1906, houve milhares de execuções sumárias e cerca de 50 mil pessoas foram presas ou deportadas. As greves, proibidas. Editoras e periódicos, censurados. Os partidos políticos, tolhidos. Mesmo os liberais moderados criticaram a repressão.

Ainda assim, as eleições para a Duma transcorreram entre 26 de março e 20 de abril de 1906. O direito de voto foi concedido aos homens maiores de 25 anos. Assim, foram habilitados cerca de 25 milhões de eleitores, distribuídos por quatro grandes grupos socioeconômicos – as *cúrias* (proprietários fundiários, camponeses, operários e citadinos em geral), que sufragavam os grandes eleitores. Estes, por sua vez, agrupados por províncias, em dois ou três graus, elegiam os deputados. As nações não russas formavam circunscrições próprias, elegendo também deputados. Em média, cada grande eleitor representava 2 mil proprietários fundiários, 7 mil citadinos, 30 mil camponeses e 90 mil operários.

Na extrema direita, a União do Povo Russo não elegeu nenhum deputado. À esquerda, SRs e bolcheviques boicotaram as eleições, mas boa parte dos camponeses e dos operários exerceram o direito do voto. Elegeram-se 486 deputados, com uma participação de 50% a 70% nas cidades e de cerca de 50% no campo. Os kadetes, favoráveis a uma monarquia constitucional, foram os grandes vitoriosos, com 179 cadeiras; os outubristas, liberais conservadores, ficaram com apenas 44. As nações não russas, com 45. Elegeram-se ainda 94 trudoviks (trabalhistas), uma dissidência dos Socialistas Revolucionários que não havia concordado com o boicote das eleições. Compuseram ainda a Duma 18 sociais-democratas (mencheviques) e um pouco mais de 100 deputados sem identificação partidária.

A Autocracia, fortalecida com o esmagamento da Revolução, decretou as chamadas Leis Fundamentais, restringindo ainda mais as limitadas atribuições da Assembleia. A Duma perdeu a capacidade de iniciativas legislativas, não podia

24 UNIÃO SOVIÉTICA

alterar as próprias Leis Fundamentais nem interferir no que dissesse respeito à diplomacia, à guerra e à paz, à Corte Imperial e às regras de sucessão dinástica.

A inauguração da Duma ocorreu em 27 de abril de 1906. Menos de duas semanas depois, ela aprovou por unanimidade (seis abstenções) uma espécie de programa político, no qual se previam liberdades civis e políticas, sufrágio universal, igualdade civil, abolição da pena de morte, anistia política e atribuição à Duma de plenos poderes. Como seus representantes sequer foram recebidos pelo czar e pelo Governo, os deputados radicalizaram, reclamando um ministério que merecesse a confiança do Parlamento. Atendendo aos movimentos camponeses, a Duma aprovou um projeto de lei que previa a desapropriação de terras contra o pagamento de uma indenização e a entrega aos camponeses das terras que eles até então alugavam. Os deputados acionaram o direito à interpelação de ministros, produzindo, em 10 semanas, 379 demandas de comparecimento dos ministros à Duma.

O desenlace não se fez esperar. O autocrata dissolveu a Duma em 7 de julho e convocou novas eleições para fevereiro do ano seguinte.

Os deputados kadetes e trudoviks ensaiaram uma resistência. Algumas dezenas conclamaram o povo a não pagar impostos e a não aceitar o recrutamento militar. Nicolau II reagiu nomeando um governo decidido a lidar com as oposições com mão forte, mas também com reformas modernizantes, sobretudo no campo. A repressão intensificou-se, no contexto de uma campanha eleitoral vigiada para a segunda Duma.

Na perspectiva das reformas modernizantes, aprovaram-se as leis de 5 de outubro e 9 de novembro de 1906. A primeira conferiu certos direitos de cidadania aos camponeses. A segunda, mais importante, assegurou-lhes o direito de solicitar a propriedade privada do lote em que trabalhavam, atribuído pela Comunidade, pertencente a esta última, mas que se tornaria deles, caso a requeressem. Em vez de atacar a grande propriedade fundiária, a lei visava cindir os camponeses, criando-se uma classe de pequenos proprietários privados, com financiamento e apoio estatais. Restava agora que a nova Duma confirmasse as leis reformistas. O governo tinha pressa, pois havia o receio de que tomasse corpo um novo surto revolucionário. De fato, eclodiram motins entre os marinheiros em Kronstadt e Reval (Estônia) e Sveaborg (Finlândia), e mais uma série de atentados à bomba.

Apesar das restrições, a Duma eleita em janeiro de 1906 não foi mais tímida que a precedente. Ao contrário, como houve a participação de todos os partidos socialistas (bolcheviques e SRs desistiram do boicote), os socialistas elegeram 103 deputados (37 SRs e 66 sociais-democratas – a grande maioria de mencheviques), ou seja, 20% do Parlamento. Foram igualmente eleitos 98 trudo-viks, 99 kadetes, 33 da extrema direita (União do Povo) e 18 outubristas, além de 76 deputados representantes das nações não russas. Os conservadores logo caracterizaram a Duma como "vermelha", ou seja, defensora dos interesses populares.

Era uma questão de tempo uma nova dissolução. Com efeito, em 1º de junho de 1907, no quadro de novos atentados terroristas, o governo solicitou que a Duma aprovasse a exclusão de 55 deputados social-democratas e a suspensão de mais 16. Em face da resistência, foi decretado o fechamento da Assembleia.

Em vez de enterrar a Duma, o governo preferiu domesticá-la. Assim, as eleições programadas para 1º de novembro de 1907 seriam regidas por uma nova legislação ainda mais restritiva: a vigilância e a censura tornaram-se mais rígidas, o censo eleitoral, mais estrito e exigente. Houve também uma redução do número de deputados camponeses e uma amputação de 2/3 dos deputados eleitos pelas nações não russas. A Duma transformou-se num apêndice do governo.

A Duma eleita em novembro de 1907 foi dominada por outubristas e outros grupos de extrema direita. Tinham 307 deputados contra apenas 164 dos demais. Perderam os liberais (kadetes) e os socialistas moderados (trabalhistas). Dessa vez, a Duma concluiu seu período eleitoral em junho de 1912. A quarta e última Duma, eleita em novembro de 1912, conferiu, igualmente, maioria folgada às forças conservadoras, com 249 cadeiras contra 184 dos demais. Os outubristas continuaram hegemonizando a instituição. Os bolcheviques não mais recorreriam ao boicote. Disputando votos entre os operários (a cúria operária), mantiveram pequenas bancadas de deputados muito ativos na agitação política, mesmo nos marcos estreitos do regime político.

Até o início da segunda década do século, as tendências conservadoras e reacionárias predominaram. Os liberais, encolhidos, podiam apenas protestar no interior do Parlamento. E o mesmo faziam os deputados trabalhistas e socialistas. No campo das lutas sociais, houve apenas pequenas lutas e greves. As oposições radicais reduziam-se a alguns milhares de militantes. No exílio, no contexto de lutas internas destrutivas, grassava o desalento. Entre os sociais-democratas, a cisão entre bolcheviques e mencheviques aprofundou-se com a realização da Conferência de Praga, em 1912, quando os primeiros definiram-se como um partido específico.

Nesse mesmo ano, o Massacre de Lena, em abril, abriria novos horizontes de luta. No chamado "distrito do ouro", na bacia do rio Lena, na Sibéria, operários em greve foram metralhados pela polícia, com milhares de feridos e mortos. O episódio suscitou indignação, denúncias e greves. Daí em diante, rearticularam-se os movimentos sociais.

26 UNIÃO SOVIÉTICA

Contudo, em 1913, as festas do tricentenário da dinastia Romanov celebraram um poder que parecia invencível. Mas as oposições não perdiam as esperanças, e o primeiro semestre de 1914 foi marcado pela ascensão de protestos e por paralisações do trabalho, registrando-se um milhão e meio de grevistas.

Foi então que explodiu a Grande Guerra, em agosto de 1914.

AS REVOLUÇÕES DE 1917

A Grande Guerra e a Revolução de Fevereiro

A Grande Guerra, iniciada em agosto de 1914, opôs dois grupos de potências. De um lado, França, Inglaterra e Rússia. De outro, Alemanha, Áustria-Hungria e Império Otomano. Esse conflito foi produto dos interesses em choque dos imperialismos contemporâneos, voltados para o controle das riquezas do mundo; e das ambições dos velhos imperialismos político-militares, aspirando ao prestígio político e à dominação territorial.

Na Rússia e em toda a parte, houve surtos de patriotismo, a *União Sagrada*, ou seja, a união de todas as classes e setores sociais em torno da defesa da Pátria e dos respectivos governos.

Todos estavam convencidos de que a guerra seria curta e vitoriosa. Não foi o que aconteceu. Ela se prolongou por um pouco mais de quatro anos, ensejando a maior hecatombe civilizacional da história até então.

No início, os exércitos russos registraram vitórias, porém, já em fins de agosto, sucederam-se derrotas que só teriam fim com a saída definitiva da Rússia da guerra, em março de 1918.

A derrocada russa deveu-se a um complexo de condições. A guerra, sendo a *apoteose bélica* da grande revolução científico-tecnológico-industrial em curso desde os anos 1880, assumiu um caráter de *guerra total*, com mobilização de parques industriais, redes de estradas de ferro, conhecimentos científicos, equipamentos, armas e munições modernas. Em todos esses aspectos, o Império Russo perdia para a Alemanha. Seria necessário acrescentar o despreparo dos oficiais russos. De sorte que o estoicismo dos soldados não compensou as deficiências econômicas e militares do Império.

Em fins do segundo ano da Grande Guerra, os russos já registravam 4 milhões de perdas, entre mortos, feridos, desaparecidos e prisioneiros. A União Sagrada desgastara-se. Diante da incapacidade do governo, a sociedade começou a se organizar, através das Dumas municipais, dos Zemstvos, das cooperativas, da Cruz Vermelha. Grupos de trabalho foram criados nas indústrias e nas estradas de ferro para racionalizar o esforço de guerra. Para garantir o abastecimento, organizou-se o racionamento de gêneros essenciais. Na Duma Imperial, conservadores e liberais constituíram, em 1915, um Bloco Progressista, reivindicando um governo representativo.

A Autocracia enfraquecia-se. Na desmoralização da Corte, a figura de Grigori Y. Rasputin desempenhou papel relevante. Reverenciado como santo, acusado de charlatão, o homem conseguiu prestígio ao tratar com certo sucesso o filho hemofílico de Nicolau II. A partir daí, passou a indicar amigos para o governo, fazendo e desfazendo ministros. Em fins de 1916, um grupo de nobres o assassinou, mas não houve outras ações efetivas nas conspirações que se multiplicavam com o objetivo de derrubar ou levar à renúncia o czar.

Apesar da ação da polícia política, eclodiram greves em São Petersburgo e em outras cidades no segundo semestre de 1916, retomadas em janeiro e fevereiro do ano seguinte. Num quadro marcado pela inflação e pelas dificuldades no abastecimento, um grupo de mulheres, trabalhadoras das indústrias têxteis, entrou em greve e organizou uma passeata no dia 23 de fevereiro de 1917 em protesto contra a escassez e os preços altos, e em comemoração ao Dia Internacional da Mulher. Os cossacos e a polícia não intervieram.

Imagem clássica da passeata das mulheres que deu origem à Revolução de Fevereiro, realizada em 23 de fevereiro de 1917, em Petrogrado. Autor da foto: V. Bulla. Ano: 1917

28 UNIÃO SOVIÉTICA

Nos dois dias seguintes, novas passeatas não enfrentaram repressão. Os grupos e partidos revolucionários, temerosos de que aquilo tudo pudesse resultar num massacre, hesitavam, mas, a partir do terceiro dia, intervieram, incentivando a politização das manifestações.

Diante das convocações para um quarto dia de manifestações, agora de caráter político, as autoridades decretaram estado de sítio e prepararam dispositivos armados para conter questionamentos à ordem. Tais decisões, porém, não intimidaram. No dia 26 de fevereiro, dos subúrbios fabris da cidade surgiram novas manifestações. A polícia e as tropas do exército, auxiliadas pelos cossacos, abriram fogo contra a multidão. Houve centenas de mortos e feridos.

Indignados com a matança, soldados e suboficiais do regimento Pavlovski amotinaram-se na noite do dia 26 e resolveram apelar à solidariedade de outros quartéis. A revolta se alastrou e, quando os manifestantes apareceram, os soldados confraternizaram com eles. Isolados, grupos de policiais seriam caçados pela cidade. Num contexto de euforia popular, prédios públicos foram queimados, as prisões, abertas, o arsenal, tomado, com distribuição de armas à população.

Em cinco dias de manifestações, triunfara a Revolução de Fevereiro.

Entre vencidos e vencedores, a perplexidade e a surpresa. Ninguém esperava que uma revolução pudesse acontecer em tão pouco tempo.

Fevereiro foi uma *revolução imprevista*, mas as *não espontânea*, pois agenciada e organizada por grupos de operárias e de operários que se movimentaram com ousadia, ao contrário das lideranças partidárias, que não acreditavam nas condições de sucesso das passeatas. Uma *revolução anônima* (nas palavras de Trotski), não dirigida por partidos políticos. E uma *revolução violenta*, vitoriosa através de incontáveis batalhas de rua, havendo cerca de 1.400 mortos, além de incontáveis feridos. Seria importante aduzir que foi uma *revolução unânime*. Apesar de realizada por trabalhadores e soldados, teve apoio geral, inclusive das próprias elites sociais, incluindo-se aí os chefes militares, favoráveis a suas decisões, a principal das quais a abdicação do czar Nicolau II, além do sepultamento das tentativas de entronizar seu irmão como sucessor.

No vácuo aberto pela queda da Autocracia, constituíram-se em Petrogrado (São Petersburgo, depois do início da guerra, adotara um nome de ressonância russa) duas instituições alternativas: o Governo Provisório, eleito pela Duma Imperial, e, resgatando a experiência da Revolução de 1905, o Soviete (Conselho) de Petrogrado – agrupando soldados, marinheiros e operários, com participação de grupos e partidos revolucionários. Os líderes soviéticos preferiram ficar de fora do Governo Provisório, numa posição de vigilância e fiscalização. Abriram uma exceção para A. Kerensky, que se lançara como ministro da Justiça.

No dia seguinte à vitória, por iniciativa de um grupo de soldados, foi aprovado pelo Soviete o Prikaz (Ordem de Serviço) n° 1, um conjunto de medidas que revolucionou as Forças Armadas, quebrando a hierarquia e a disciplina, essenciais a qualquer exército regular. O comando das unidades militares passava aos comitês de soldados.

Prikaz (ordem de serviço) n° 1

Da guarnição do Distrito de Petrogrado a todos os soldados da Guarda, do Exército, da artilharia e da Marinha para execução imediata e exata [...].

O Soviete dos Deputados dos Operários e Soldados decreta:

1. Em todas as companhias, batalhões, regimentos, arsenais, baterias, esquadrões e serviços especiais de diversas direções militares e nos navios da Marinha de Guerra, eleger imediatamente comitês com representantes eleitos entre as baixas patentes das unidades militares supracitadas.

2. Em todas as unidades militares que não elegeram ainda seus representantes ao Soviete dos Deputados Operários, eleger um representante por unidade, que se apresentará com certificados escritos no edifício da Duma do Estado, às dez horas da manhã do dia 2 de março.

3. Em todas as ações políticas, a unidade militar está subordinada ao Soviete dos Deputados Operários e Soldados e a seus comitês.

4. As ordens da Comissão Militar da Duma do Estado devem ser executadas, salvo nos casos em que contradigam as ordens e as resoluções do Soviete dos Deputados Operários e Soldados.

5. Todos os tipos de armas, como, por exemplo: fuzis, metralhadoras, carros blindados etc. devem estar [...] sob controle dos comitês de companhia e de batalhão e em nenhum caso entregues aos oficiais [...].

6. Nas fileiras e no exercício de suas funções, os soldados devem observar a disciplina militar mais estrita, mas fora do serviço e em sua vida política, civil e privada, os soldados não podem em nenhum caso ter diminuídos os direitos de que todos os cidadãos dispõem. Em particular, estão abolidas a posição de sentido e a continência obrigatória fora do serviço.

7. Pela mesma razão os tratamentos cerimoniosos dos oficiais são suprimidos: Vossa Excelência, Vossa Nobreza etc. que serão substituídos pelos cumprimentos: Senhor General, Senhor Coronel etc.

> É proibido tratar com grosseria os soldados... e, em particular, dirigir-se a eles usando "você" [...].
>
> Esta ordem deve ser lida em todas as companhias, batalhões, regimentos, tripulações, baterias e demais unidades de combate ou auxiliares.
>
> Publicado em 1º de março de 1917.
>
> (Fonte: AARÃO REIS, Daniel. *Manifestos vermelhos*. São Paulo: Companhia das Letras, 2017, pp. 115-118.)

Contudo, a análise dos telegramas endereçados ao Soviete depois do triunfo da Revolução evidencia, segundo o historiador Marc Ferro, a modéstia das reivindicações. Os soldados solicitavam iniciativas a favor da paz, mas declaravam que não abandonariam as trincheiras enquanto a guerra não terminasse. Os operários queriam a resolução da questão da escassez e a melhoria das condições de trabalho. As nações não russas pediam o direito à autonomia. Os camponeses (*mujiques*) reclamavam todas as terras para quem as trabalhasse.

Tanto o Soviete de Petrogrado como o governo constituído pela Duma viviam sob o signo da *provisoriedade*, remetendo as decisões para uma Assembleia Constituinte, a ser convocada. Tratava-se de uma demanda revolucionária consensual, recusada apenas pelos anarquistas que, desde logo, passaram a defender a ideia de que os sovietes deveriam assumir todo o poder. Os demais partidos, liberais e socialistas, estavam, porém, convencidos do caráter *burguês* da Revolução. Sob hegemonia da burguesia, o país se transformaria numa República democrática.

As crises políticas e a Revolução de Outubro

Entretanto, a situação fugia do controle. Nas cidades e nos campos, surgiam sovietes, associações, comitês, sindicatos, clubes, que se organizavam e respondiam apenas aos seus interesses. O Soviete de Petrogrado dispunha de um grande prestígio, mas suas resoluções não eram admitidas automaticamente pelas demais organizações, nem mesmo na própria capital. Era como se o poder não estivesse em lugar nenhum, embora estivesse em toda a parte, exercido de forma autônoma. Num quadro de *múltiplos poderes*, o poder real estava na *rua*. Havia uma grande cacofonia. Como disse um observador, "todos queriam mandar e ninguém queria obedecer". A Rússia, um império de vassalos, transformara-se na sociedade mais livre do mundo.

O Governo Provisório e as lideranças soviéticas formularam uma equação básica: era preciso, *primeiro*, ganhar a guerra; *depois*, através de uma Assembleia Constituinte, atender às demandas da sociedade. Os Aliados ocidentais concordavam. Para eles, a Rússia deveria permanecer a qualquer custo na guerra, impedindo que a Alemanha e seus aliados concentrassem suas forças na frente ocidental. Uma opção estratégica. A insistência em mantê-la levaria a todos de roldão.

Ao longo dos meses seguintes, reemergiram os quatro movimentos sociais que haviam surgido na Revolução de 1905: camponeses, soldados e marinheiros, operários e nações não russas.

Os *camponeses* queriam expropriar todas as terras, sem nenhuma indenização, e atribuir aos comitês agrários, em cada aldeia, a tarefa de distribuí-las segundo a capacidade de trabalho e as necessidades de alimentação de cada família. Desde maio, eles passaram à ofensiva, tomando terras à força, queimando propriedades e exterminando seus donos e capangas. Uma revolução agrária. Em boa parte das províncias da Rússia europeia, ela estaria completa antes mesmo de Outubro.

Os *soldados e marinheiros* passaram a exigir o fim da guerra. Nas manifestações de rua, com frequência armados, ameaçavam e assustavam. Nas trincheiras, propunham confraternizações. Desde agosto, as deserções tornaram-se uma torrente, com muitos soldados retornando às suas aldeias de origem para participar das invasões de terras. Quanto aos marinheiros, destacaram-se os de Kronstadt, transformando a grande base naval numa espécie de república autônoma a partir de maio de 1917.

Os *operários fabris* nucleariam as lutas dos trabalhadores das cidades. Além dos sovietes, organizaram comitês de fábrica e sindicatos. Um programa de reivindicações – com destaque para a jornada de trabalho de oito horas – foi imediatamente aceito pelas organizações soviéticas e pelo Governo Provisório. Desde então, passaram a defender seus ganhos e a lutar por algo que lhes parecia essencial: o abastecimento das cidades, em resumo, o pão, pois sua escassez fora determinante para a explosão da insurreição de fevereiro. Os comitês de fábrica elaboraram a proposta do *controle operário*, mediante o qual as empresas seriam cogerenciadas pelos trabalhadores em aspectos essenciais: emprego, fluxos financeiros e de mercadorias. Em várias cidades, formou-se uma *Guarda Vermelha*, trabalhadores armados que realizavam tarefas de vigilância em bairros populares e empresas.

Guardas vermelhos em turno de vigilância. Os guardas vermelhos, milícia operária formada em 1917, desempenharam papel fundamental na Insurreição de Outubro e nas guerras civis. Autor da foto: Y. Shteinberg. Ano: 1917

No âmbito das *nações não russas*, as propostas de autonomia política e cultural evoluíram para a exigência da independência nacional. As demandas eram mais fortes no ocidente do Império (Finlândia, Polônia russa, países bálticos e Ucrânia), mas alcançavam também o Cáucaso (Armênia, Geórgia e Azerbaijão) e as nações muçulmanas da Ásia Central. Cada nação queria ter sua própria Assembleia Constituinte, ameaçando a desagregação do país.

Os liberais, que eram hegemônicos no Governo Provisório, em aliança com os socialistas revolucionários e com os sociais-democratas mencheviques, formavam comissões de estudo e transferiam as decisões para uma Assembleia Constituinte, cuja convocação, contudo, não era definida.

As oposições conservadoras, *pela direita*, procuravam fórmulas para acabar com aquelas derivas que encaminhavam a situação para o fim do mundo, do seu mundo. Os altos chefes militares gesticulavam, mas suas ordens não eram mais cumpridas. Todos eles desprezavam as gentes comuns e estavam certos de que elas levariam o país ao caos, enquanto as elites, então, encarnando a Rússia tradicional, com a ajuda das potências aliadas, seriam capazes de salvar a pátria.

As oposições *pela esquerda* propunham transferir todo o poder aos soviets. Desde março, os *anarquistas* assumiram essa posição. Depois, ela foi incorporada por outros grupos e partidos: os *sociais-democratas bolcheviques*, liderados por V. I. Lenin, em abril; desde maio, a *organização interdistrital*, liderada por L. D. Trotski; os *mencheviques internacionalistas*, chefiados por Y. O. Tsederbaum, o Martov. E os SRs *de esquerda*, liderados por M. A. Spiridonova.

A análise de sucessivas crises políticas ocorridas ao longo do ano de 1917 permite compreender o processo que levaria a uma outra revolução, em outubro.

Logo em *abril*, a primeira crise. P. N. Miliukov, líder dos kadetes e ministro das Relações Exteriores do Governo Provisório, fez uma declaração pública a favor da permanência da Rússia na guerra até a vitória. Manifestações de soldados e marinheiros obrigaram-no a renunciar. Constituiu-se, então, um segundo governo provisório, agora com participação de cinco deputados socialistas, indicados pelo Soviete de Petrogrado. A. Kerensky tornou-se ministro da Guerra.

Em *maio*, um congresso panrusso de camponeses votou a favor da expropriação e da distribuição das terras pelos comitês agrários. Também aprovou a proibição do trabalho assalariado. A radicalidade dos propósitos era temperada por uma linguagem moderada que previa o envio das propostas à Assembleia Constituinte.

Em *junho*, realizou-se, em Petrogrado, o I Congresso dos Soviets de deputados operários e soldados. Aprovaram-se propostas revolucionárias, mas que deveriam também ser encaminhadas à Assembleia Constituinte. A maioria consagrou a hegemonia dos socialistas revolucionários moderados e dos sociais-democratas mencheviques. Bolcheviques e anarquistas, minoritários, defenderam propostas, recusadas, de transferência imediata do poder aos soviets. Manifestações de rua que então se realizam atestaram, porém, a radicalização da capital.

Em *julho*, nova crise. O governo oscilou, enfraquecido por uma ofensiva militar mal concebida e pela renúncia dos ministros kadetes. Marinheiros e soldados propuseram derrubar o governo, substituindo-o pelos soviets. Depois de tiroteios nas ruas, os revoltosos foram dissuadidos pelos próprios bolcheviques antes de serem derrotados. Constituiu-se então um terceiro governo provisório, agora com maioria de ministros indicados pelos sovietes. A. Kerensky tornou-se chefe do governo. Na sequência da crise, acusados de a terem incentivado, lideranças bolcheviques foram presas, mas o partido manteve-se na legalidade. Tendências radicais se enfraqueceram.

Em fins de *agosto*, o general L. G. Kornilov, nomeado ministro da Guerra, tentou um golpe de Estado com o objetivo de instaurar uma ditadura militar. Ele se tornara líder das forças conservadoras no âmbito de uma Conferência de Estado, convocada pelo governo e realizada em Moscou. O golpe foi derrotado por uma ampla mobilização dos sovietes, e os ministros liberais e Kerensky ficaram enfraquecidos e desmoralizados. A ameaça do golpe e seu fulminante revés radicalizaram os movimentos sociais. Os camponeses passaram a uma ofensiva em grande escala. Aprofundou-se a cisão no Partido Socialista Revolucionário, entre SRs de *direita*, os moderados e os SRs de *esquerda*, estes liderando as invasões de terra nos campos e apoiando a entrega de todo o poder aos sovietes.

Para contornar a crise, Kerensky convocou, em *setembro*, uma Conferência Democrática. Depois de denunciar sua pouca representatividade, grupos e partidos mais radicais (sociais-democratas bolcheviques e SRs de esquerda) retiraram-se. Os remanescentes enredaram-se num impasse: aprovaram o retorno dos liberais ao governo, mas sem a presença do Kadete, que era justamente o partido representativo dos liberais. O governo, sempre sob a liderança de Kerensky, foi afinal reconstituído, com a presença de alguns ministros kadetes. No entanto, já havia nascido desacreditado. A Assembleia Constituinte foi finalmente convocada para novembro de 1917. Até as eleições, a Conferência Democrática elegeu um corpo de representantes que se autointitulou Conselho da República. Na sequência, Kerensky proclamou a República. Tais decisões, porém, não alteraram a radicalização dos movimentos sociais.

Os bolcheviques e os SRs de esquerda ganharam o controle dos sovietes de Petrogrado, Moscou e de outras grandes cidades. O mesmo já se verificara em Kronstadt e nas frentes militares próximas da capital. Pressionados, os dirigentes moderados dos sovietes convocaram o II Congresso dos Sovietes de deputados operários e soldados para 25 de outubro. Nos campos da Rússia europeia, continuava em curso uma autêntica *revolução agrária*, com expropriação de milhares de propriedades.

No decorrer de *setembro*, várias lideranças políticas (bolcheviques, mencheviques internacionalistas e socialistas revolucionários de esquerda) defenderam a hipótese de um governo de coalizão dos partidos socialistas. O próprio Lenin chegou a considerar a ideia possível, mas a deixou de lado quando constatou a permanência dos SRs de *direita* no governo chefiado por

Kerensky. Porém, a ideia continuou sendo discutida, apoiada por numerosas lideranças, inclusive dentro do Partido Bolchevique (por nomes como L. B. Kamenev e G. E. Zinoviev).

Numa atmosfera de exaustão geral, de disparada da inflação, de movimentos, greves e *lockouts* e de escassez aguda, formou-se a expectativa de que o II Congresso dos Sovietes, programado para o dia 25 de outubro, assumiria todo o poder. No Partido Bolchevique, desde meados de setembro, Lenin, temendo um novo golpe e a decomposição do tecido social, instava os bolcheviques a passarem à insurreição, sem esperar o Congresso dos Sovietes. Em duas reuniões, realizadas em 10 e 16 de outubro, o Comitê Central do Partido Bolchevique aprovou a insurreição revolucionária como *tarefa imediata*, a ser conduzida pelo Soviete de Petrogrado; consumado o fato, o poder seria entregue ao Congresso dos Sovietes que se reuniria no dia 25. A decisão, aprovada pela maioria, encontrou resistências entre as lideranças intermediárias e entre duas lideranças do próprio Comitê Central, Kamenev e Zinoviev, que denunciaram a trama do golpe à imprensa, pois temiam que uma ação unilateral dos bolcheviques suscitasse o isolamento e a derrota da revolução.

Trotski, presidente do Soviete, integrado com seu grupo – a organização interdistrital – ao Partido Bolchevique desde fins de julho –, hesitava em empreender a insurreição. Mas, em 12 de outubro, aprovou a formação de uma nova instituição, o Comitê Militar Revolucionário (CMR) do Soviete de Petrogrado, articulando os quartéis e as unidades militares da cidade, ignorando as autoridades estabelecidas pelo Governo Provisório. Era, na prática, uma virtual *tomada do poder*, pois o comando efetivo mudara de mãos.

No dia 24, véspera da inauguração do Congresso, por ordem de Kerensky, a polícia fechou jornais acusados de desafiar a autoridade governamental. O Comitê Militar Revolucionário pôs-se então em movimento. Reabriu os jornais e, ato contínuo, sob o argumento de que a revolução estava ameaçada, ocupou pontos estratégicos da cidade (correios e telégrafos, companhia telefônica, arsenal, pontes, estações de estrada de ferro), dando início ao cerco do Palácio de Inverno. À noite, a cidade, tranquila e em ordem, estava sob controle do CMR, restando apenas o governo, entrincheirado no Palácio, isolado e apoiado por poucas forças militares. A. Kerensky fugira em busca de reforços.

No dia seguinte, às dez horas, proclamas afixados nos muros da cidade anunciavam a deposição do Governo Provisório. O Comitê Militar Revolucionário do Soviete de Petrogrado assumiu o poder. A cidade permaneceu em paz, o que exprimia a força dos sovietes e do CMR em particular.

O Congresso abriu seus trabalhos às 23 horas do dia 25 de outubro. Os SRs de direita e os sociais-democratas mencheviques denunciaram as ações do CMR como um golpe contra a democracia soviética e se retiraram do Congresso, sob vaias. Os SRs de esquerda hesitavam. Refletindo a composição de forças políticas, elegeu-se uma nova direção para os trabalhos, sob hegemonia dos bolcheviques.

J. Martov propôs a criação de um governo alternativo, formado por todos os partidos socialistas; enquanto não fosse constituído, o Congresso suspenderia suas deliberações. A primeira parte da proposta foi aprovada por unanimidade, mas a grande maioria não aceitou paralisar o Congresso à espera de negociações que poderiam se arrastar. Contrariado pela votação, J. Martov e os mencheviques internacionalistas retiraram-se também do plenário.

A primeira sessão do Congresso foi reiniciada na madrugada do dia 26 de outubro, já com a notícia da tomada do Palácio de Inverno, sede do Governo Provisório. Os deputados aprovaram, em seguida, a transferência de todo o poder aos sovietes. A resolução confiava ao novo poder as seguintes tarefas: estabelecer a paz; distribuir a terra aos camponeses; democratizar as Forças Armadas; assistir as famílias de mortos e feridos na guerra; tributar os ricos; assegurar o controle operário sobre as indústrias; garantir o abastecimento; e endossar a autodeterminação dos povos não russos. A sessão foi suspensa às cinco horas da manhã do dia 26 de outubro.

Às 20 horas do dia 26, abriu-se a segunda sessão do II Congresso dos Sovietes. Depois de abolir a pena de morte e confirmar a vigência do poder soviético, aprovou-se, por unanimidade, uma declaração por uma paz justa e democrática, sem anexações e indenizações, e o início imediato de negociações que pusessem fim à guerra. Na madrugada do dia seguinte, 27 de outubro, aprovou-se, com um voto contrário e oito abstenções, o Decreto sobre a Terra, determinando a desapropriação de todas as terras, sem indenização, e atribuindo-se aos comitês agrários a tarefa de distribui-las de forma autônoma. Era a consagração jurídica da revolução agrária em curso. Em seguida, definiu-se a Constituição do novo governo revolucionário, o Conselho dos Comissários do Povo (CCP) e do Comitê Executivo Central (CEC), uma espécie de parlamento que funcionaria entre os congressos com poder de controlar o CCP. É importante registrar que todas essas decisões eram consideradas *provisórias*, a serem confirmadas pela Assembleia Constituinte, cuja convocação foi mantida para 12 de novembro seguinte.

Ao som da *Internacional*, o Congresso foi encerrado às 5h15 da manhã do dia 27 de outubro de 1917.

Imagem de Lenin discursando no primeiro aniversário da Revolução na Praça Vermelha em Moscou, 7 de novembro de 1918. Suas falas destacavam-se pela clareza e pelo didatismo. Autor da foto: P. Otsup. Ano: 1918

O INTERREGNO

Entre Outubro e o início das guerras civis (julho de 1918), houve um *interregno*, como se a Revolução procurasse seus caminhos. O período caracterizou-se por processos contraditórios de *democratização* e de *centralização* da Revolução vitoriosa.

A vitória da Revolução foi acompanhada por uma *democratização radical* das relações de poder, com a marginalização das antigas classes sociais dominantes. Surgiu então o *slogan*: "Chegou a hora de saquear os saqueadores", exprimindo a *vindita popular*: as classes populares expulsavam os *de antes* de suas posições privilegiadas.

Em toda a parte, os sovietes de operários e soldados, os comitês agrários camponeses, os representantes das nações não russas assumiam o poder. Consagrando esse processo, o II Congresso dos Sovietes aprovou, como vimos, os decretos sobre a paz e a terra, ratificados pelo II Congresso dos Camponeses, entre 25 de novembro e 12 de dezembro de 1917. Em 2 de novembro, um

38 UNIÃO SOVIÉTICA

terceiro decreto consagrou a autodeterminação das nações não russas, reconhecendo-se o direito de secessão. Uma semana e meia depois, aprovou-se a lei sobre o controle operário. Em 16 de dezembro, nova legislação democratizou radicalmente as Forças Armadas. Tais legislações consolidaram uma *aliança social e democrática* entre os interesses dos trabalhadores das cidades, de soldados e marinheiros, dos camponeses e das nações não russas, ou seja, a imensa maioria da população. Em seguida, entre 12 e 14 de novembro, as eleições para a Assembleia Constituinte confirmariam a adesão das amplas maiorias aos partidos socialistas e à Revolução.

Ao mesmo tempo, contudo, outros movimentos apontavam no sentido da *centralização* do poder político.

Já no dia 27 de outubro, houve um decreto que estabeleceu a censura e um tribunal para julgar crimes de imprensa. O Comitê para Salvar o País e a Revolução, formado pelo Conselho da República, que denunciava o caráter golpista da insurreição de Outubro, foi proibido. Em 17 de novembro, estatizaram-se as gráficas. Em 1º de dezembro, constituiu-se o Conselho Supremo da Economia Nacional com atribuições de planejamento econômico e com poderes para confiscar empresas. Duas semanas mais tarde, os bancos foram estatizados e os depósitos, confiscados. Com poderes crescentes de intervenção e regulação, ganhou força o Comissariado do Povo para o Abastecimento.

Em 7 de dezembro, surgiu uma nova polícia política (a *Okhrana* czarista fora dissolvida logo após a Revolução de Fevereiro): a Comissão Extraordinária Panrussa para a Luta contra a Sabotagem e a Contrarrevolução, a *Tcheka*. Antes do fim do ano, em 25 de dezembro, um outro decreto extinguiu os comitês militares revolucionários e enquadrou as organizações soviéticas, subordinando-as às instituições centrais.

Em 15 de janeiro, decretou-se a fundação do Exército Vermelho Operário e Camponês com novos padrões de disciplina e hierarquia. *Juramentos de fidelidade* obrigavam os soldados a cumprir as ordens dos comandantes. Mais tarde, os apelos ao voluntariado seriam substituídos pelo *alistamento militar obrigatório*. Ex-oficiais do exército czarista (cerca de 40 mil) seriam recrutados, consagrando a verticalidade do mando no Exército revolucionário.

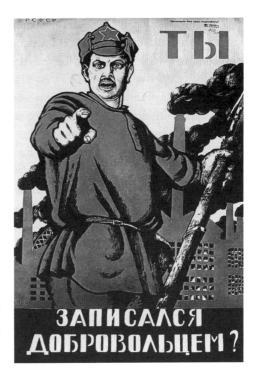

Pôster soviético convocando voluntários para o Exército Vermelho. A fumaça das fábricas evidencia o caráter proletário do chamado. Tradução do texto em russo: "Você já se inscreveu como voluntário?" Autor: D. S. Moor. Ano: 1920

Em 19 de fevereiro de 1918, foi aprovada a Lei Fundamental da Socialização da Terra. Reafirmaram-se os princípios do Decreto sobre a Terra, editado pelo II Congresso dos Sovietes, mas, ao mesmo tempo, decidiu-se a criação de uma rede vertical de agências e instituições, e não ficava claro o grau de autonomia dos comitês agrários.

Já no contexto da Grande Guerra, iniciada em 1914, criaram-se agências com poderes para intervir na economia e regulá-la. Os sucessivos governos provisórios mantiveram essa orientação, uma decorrência da *guerra total*. O CCP radicalizou o processo, estimando a centralização como uma questão de sobrevivência.

As mesmas tendências tomavam corpo nas organizações populares antes mesmo de Outubro. O fenômeno da substituição das sessões plenárias pelas comissões executivas das organizações soviéticas afirmou-se como uma exigência de ordem prática. Além disso, os partidos políticos, segundo o historiador M. Ferro, *colonizaram* essas comissões, através de seus militantes, homens letrados, mais bem organizados e senhores do verbo, marginalizando as mulheres, os operários e os soldados, a maioria iletrada ou semiletrada. Depois

40 UNIÃO SOVIÉTICA

de Outubro, reforçou-se a centralização, pois os sovietes esvaziaram-se como órgãos de luta política, assumindo funções administrativas e de gestão no contexto de um emaranhado de diretrizes, estatutos e regulamentos, rendendo-se às decisões das estruturas centrais, enquadrando-se no exercício do poder local e regional. No mesmo sentido atuou a fusão entre os congressos soviéticos de operários e soldados e de camponeses, adotada desde janeiro de 1918.

Argumentava-se que tais políticas e medidas eram indispensáveis para debelar o caos e salvar a Revolução. Entretanto, anarquistas, SRs de esquerda e mesmo bolcheviques formulariam críticas e protestos que conduziriam a *fraturas* entre os partidários da Revolução.

Houve divergências quanto à formação de um governo de unidade das correntes socialistas. O II Congresso dos Sovietes votou, de forma unânime, por um governo de unidade, e os resultados das eleições para a Assembleia Constituinte – em tese – poderiam também favorecer a proposta, uma vez que a maioria esmagadora dos deputados eleitos era favorável ao socialismo: entre os 703 eleitos, nada menos do que 609 vinculavam-se a partidos socialistas (380 SRs de direita e de centro; 39 SRs de esquerda; 168 sociais-democratas bolcheviques; 18 sociais-democratas mencheviques; 4 a outros partidos socialistas). Apenas 7 eram declaradamente contra o socialismo (5 do Partido Constitucionalista Democrático/Kadete e 2 de outros partidos conservadores), enquanto 87 vinculavam-se a formações políticas não russas (77) ou não declararam filiação partidária (10).

Outras decisões, porém, apontaram em sentido contrário. As razões para o fracasso foram e são objeto de controvérsias. De um lado, a maioria dos que se retiraram do Congresso estava convencida de que o governo revolucionário destinava-se ao fracasso. A avaliação impediu maior flexibilidade nas negociações com os vitoriosos. De outro lado, os principais líderes dos bolcheviques não confiavam na disposição revolucionária dos mencheviques e de socialistas-revolucionários de direita. Contudo, houve debates e divergências sobre a questão, mesmo entre os bolcheviques, alguns dos quais, insatisfeitos, chegaram a se afastar por um curto espaço de tempo do governo revolucionário. Quanto aos anarquistas, não confiando no caráter centralizado do CCP, preferiram manter-se ativos nas estruturas soviéticas de base. Assim, em dezembro de 1917, apenas os socialistas revolucionários de esquerda ingressaram, em minoria, no CCP e no CEC. Depois da vitória de Outubro, esta *foi uma primeira fratura*.

Novas divergências ocorreram quando da abertura dos trabalhos da Assembleia Constituinte, em 5 de janeiro de 1918. O CCP e o CEC aprovaram uma Declaração dos Direitos do Povo Trabalhador e Explorado, enfeixando os grandes decretos revolucionários aprovados pelo II Congresso dos Sovietes e ratificados pelo II Congresso dos Camponeses, e pretenderam impô-la à Assembleia Constituinte. A maioria dos constituintes, porém, recusou a imposição, considerando-a um atentado à soberania da Assembleia eleita. Temendo o surgimento de um poder alternativo, o CCP, com apoio do CEC, fechou a Assembleia. Houve manifestações de protesto, reprimidas, e a decisão foi legitimada por congressos soviéticos de deputados operários e soldados (10 de janeiro) e de deputados camponeses (13 de janeiro). Uma *segunda fratura*.

A *terceira fratura* entre os socialistas teve lugar por ocasião da assinatura do Tratado de Paz com a Alemanha, em 3 de março de 1918, em Brest-Litowski. Ao contrário da orientação por uma paz sem *anexações e indenizações*, compartilhada por todas as forças contrárias à guerra, sempre enfatizada pelos bolcheviques, o Tratado de Paz impôs condições draconianas aos vencidos: as perdas equivaliam a 25% do território, 26% da população, 32% da produção agrícola, 23% da produção industrial, 75% da de carvão, 80% da de açúcar. Além disso, o governo revolucionário era obrigado a pagar vultosa indenização e suspender a propaganda contra a Alemanha. A questão ensejou duras discussões e protestos. Assinale-se que a decisão foi tomada, *primeiro*, pelo comitê central do Partido Bolchevique. Só *depois* de assinado o Tratado é que foi submetida ao VII Congresso do próprio partido, do qual foi excluída a massa dos novos militantes recrutados antes de Outubro. Foi também *depois* de assinado que o Tratado foi levado à ratificação do IV Congresso Soviético de operários, soldados e camponeses, provocando nesse âmbito acesas polêmicas com SRs de direita e de esquerda, mencheviques e anarquistas – que questionaram o credenciamento dos deputados no congresso, denunciando fraudes na composição favorável aos bolcheviques. Em consequência, os SRs de esquerda retiraram-se do CCP, permanecendo, porém, no CEC, ficando, assim, os bolcheviques como partido único no governo.

A *quarta fratura* entre socialistas surgiu da relação entre o Estado e os camponeses. Para os bolcheviques, antes da Revolução de Fevereiro, a aliança no campo privilegiava os camponeses pobres (*bedniaks*) e os assalariados agrícolas (*batraks*), deixando de lado os *kulaks* (camponeses ricos) e os camponeses médios (*seredniaks*). Entretanto, na medida em que os congressos camponeses aprovaram a expropriação da terra e sua distribuição pelos comitês agrários, sem contemplar diferenças entre os camponeses, os bolcheviques abdicaram de seu programa e aceitaram essa orientação. Os SRs de esquerda voltaram a colocar a questão em debate quando do enquadramento dos comitês agrários em dezembro de 1917 e, sobretudo, em fevereiro de 1918, quando da aprovação da Lei Fundamental da Socialização da Terra. Esboçavam-se, então, contradições entre as atribuições das agências centrais e as margens de autonomia dos comitês agrários.

42 UNIÃO SOVIÉTICA

Acentuava-se ainda a crise nas cidades: inflação, desabastecimento, racionamento. Os mesmos problemas que haviam desencadeado a Revolução de Fevereiro. A incapacidade dos sucessivos Governos Provisórios em resolvê-los levaria a sua queda final, em Outubro. Para o governo revolucionário, era vital normalizar a situação e com esse objetivo, como já se observou, foram conferidos plenos poderes ao Comissariado do Povo para o Abastecimento (Narkomprod).

Permanecia uma contradição objetiva: as cidades precisavam dos excedentes em cereais detidos pelos camponeses, porém, em troca, não tinham como prover os produtos de que eles careciam (fósforos, sal, querosene, tecidos, instrumentos de trabalho etc.). De nada valia pagar os camponeses com notas de rublos que pouco ou nada podiam adquirir. Daí, sobretudo depois da Revolução, cresceu a disposição dos camponeses de não entregar os excedentes, a não ser em troca de produtos que lhes interessassem.

Um impasse.

Em 13 de maio de 1918, por decreto, o CCP conferiu ao Narkomprod o poder de requisitar à força os cereais. Formaram-se os *destacamentos de ferro*, unidades armadas que iriam às aldeias expropriar os excedentes. Em 11 de junho, outro decreto determinava a criação de comitês de camponeses pobres (*bedniaks*) para ajudar na requisição dos cereais estocados pelos *kulaks*. Como compensação, os que identificassem depósitos escondidos ganhariam uma parte dos cereais descobertos, além de serem agraciados com terras e produtos dos supostos açambarcadores, acusados de especuladores. Os bolcheviques queriam cindir o campesinato e ainda criavam uma inexistente burguesia agrária para legitimar a expropriação dos excedentes. Todo um aparato de propaganda e de estímulos foi desencadeado para incentivar cooperativas ou propriedades coletivas.

A nova política suscitou oposição violenta. Choques e enfrentamentos passaram a conflagrar as aldeias. Ao mesmo tempo, os SRs de esquerda denunciaram o CCP como responsável por trair os acordos de outubro-novembro de 1917 e conclamaram as gentes à resistência armada contra o governo bolchevique.

O V Congresso dos Sovietes, programado para julho de 1918, poderia rediscutir o assunto. Os SRs de esquerda e outros grupos, no entanto, voltariam a denunciar fraudes no credenciamento de deputados favoráveis ao governo e aos bolcheviques. Ao mesmo tempo, com o Congresso em andamento, em 6 de julho, militantes SRs de esquerda mataram o embaixador alemão em Moscou e tentaram derrubar o governo bolchevique. Foi a *quinta fratura* entre socialistas, precipitando o início das guerras civis.

AS GUERRAS CIVIS: UMA REVOLUÇÃO NA REVOLUÇÃO?

Não há consenso historiográfico sobre as guerras civis na Rússia revolucionária.

O primeiro equívoco a ser combatido é o que estabelece a guerra civil no singular, entre *vermelhos/bolcheviques* x *brancos/contrarrevolucionários*. Sem dúvida, estes foram os *principais* contendores. Contudo, não foram os únicos. A exclusividade conferida à polarização entre vermelhos e brancos simplifica as contradições, e omite ou apaga da História importantes atores e acontecimentos.

É preciso abordar o conjunto das guerras, conceituadas como estados de beligerância entre grupos de combatentes que apresentavam *alternativas de poder*. Tomando as partes em conflito pelas cores com que se autoidentificavam, houve guerras entre *vermelhos* (bolcheviques) x *vermelhos* (SRs e mencheviques); entre *vermelhos* (bolcheviques) x *brancos* (contrarrevolucionários); entre *vermelhos* (bolcheviques) x *negros* (anarquistas); entre *vermelhos* (bolcheviques) x *verdes* (camponeses sem partido); entre *russos* (bolcheviques) x *não russos* (diversas nacionalidades não russas).

Outras divergências referem-se aos marcos cronológicos. Considerando o início e o fim de efetivos enfrentamentos armados, a maioria dos historiadores tem optado pelo período entre 1918 e 1921.

Menino posando armado no período das guerras civis. O envolvimento de crianças é uma evidência de como as guerras civis adquiriram o caráter de uma guerra total. Autor da foto: Y. Shteinberg. Ano: 1919

44 UNIÃO SOVIÉTICA

A guerra entre vermelhos (bolcheviques) x vermelhos (SRs de direita e de esquerda e mencheviques)

Como vimos, desde 1917, os socialistas revolucionários dividiram-se em tendências – os chamados SRs de direita, conciliadores; e os SRs de esquerda, líderes das revoltas agrárias. Em novembro-dezembro de 1917, disputariam a hegemonia em dois congressos de deputados camponeses. Os SRs de esquerda tornaram-se vitoriosos, pois expressaram as propostas radicais de tomar toda a terra, sem pagar indenizações, e distribuí-las, em cada aldeia, sob controle dos comitês agrários.

Contudo, na Assembleia Constituinte, a maior bancada era dos SRs de direita. Fechada a Constituinte, os SRs de direita definiram o objetivo de derrubar pela violência o governo. Em contraste, os SRs de esquerda tornaram-se aliados dos bolcheviques.

Mais tarde, porém, no quadro das contradições entre SRs de esquerda e bolcheviques, haveria reaproximações entre os socialistas revolucionários de esquerda e de direita.

O primeiro levante armado dos SRs começou em maio de 1918, na cidade de Samara, na margem esquerda do rio Volga, reivindicando a legitimidade da Assembleia Constituinte. Estabeleceu-se um governo provisório em 8 de junho de 1918, o Comitê, depois, Congresso dos Membros da Assembleia Constituinte (Komutch), apoiado por um pequeno exército. A operação contou com o apoio da Legião Tcheca, um corpo armado formado por ex-prisioneiros de guerra tchecos e eslovacos, interessados na independência do seu país e, por isso mesmo, na desagregação do Império Austro-Húngaro. Depois da Paz de Brest-Litowski, a Legião foi encaminhada, pela ferrovia Transiberiana, a Vladivostok, para embarque rumo às frentes ocidentais. No trajeto, contudo, sovietes locais tentaram desarmá-la, o que ensejou a revolta da Legião, em maio de 1918, e sua aliança – temporária – com os membros do Komutch. No período, havia rebeliões camponesas e de cossacos em várias regiões do Volga e dos Urais.

Em seguida, em julho de 1918, houve, como referido, um golpe perpetrado pelos SRs de esquerda em Moscou, quando seus militantes mataram o embaixador alemão e tentaram tomar de assalto o Kremlin. Lenin e o governo revolucionário foram salvos pelos regimentos letões que permaneceram fiéis. O golpe, mal concebido e empreendido, foi logo derrotado. Ao mesmo tempo, B. Savinkov, veterano revolucionário, SR de direita, tomou de assalto três cidades ao norte de Moscou, mas foi obrigado a bater em retirada. No mês seguinte, houve o duplo atentado de 30 de agosto de 1918 (morte de M. S. Uritsky, líder bolchevique em Petrogrado, e graves ferimentos no próprio V. Lenin).

Entretanto, o exército do governo de Samara, aliado à Legião Tcheca, chegou a tomar, no mês de julho e começos de agosto, Simbirsk e Kazan, importantes cidades no rio Volga. As alianças ampliaram-se, incluindo o partido Kadete e ex-oficiais do exército czarista, proclamando-se, em Ufa, na Sibéria Ocidental, um novo governo provisório, em setembro de 1918.

O Exército Vermelho, já sob o comando de L. Trotski, retomou, porém, a iniciativa em meados de agosto. Obrigou o exército do Komutch a retiradas sucessivas até a derrota final, em 8 de outubro, quando Samara foi reconquistada. Para isso contribuiu, sem dúvida, a defecção da Legião Tcheca, ensejada por um novo acordo com os bolcheviques, permitindo-lhes embarcar rumo às frentes ocidentais da Guerra. Pouco depois, o Governo Provisório formado em Ufa seria deposto por um golpe empreendido pelo almirante Koltchak, que se impôs, desde então, como líder da contrarrevolução *branca* na Sibéria Ocidental.

Nunca mais os socialistas antibolcheviques seriam capazes de constituir uma força político-militar alternativa ao governo estabelecido em Moscou.

A guerra entre vermelhos (bolcheviques) x brancos (contrarrevolucionários)

Os enfrentamentos entre os bolcheviques e os brancos foram os mais importantes, violentos e duradouros.

Logo em seguida à insurreição de outubro, A. M. Kaledin, chefe dos cossacos do rio Don, foi o primeiro a se proclamar em insurgência contra o governo. Viriam a ele se juntar, entre outros, os generais M. V. Alexeiev, ex-comandante em chefe dos exércitos russos, L. G. Kornilov, autor do golpe frustrado de fins de agosto de 1917, e A. I. Denikin. Em torno deles, formou-se, desde novembro de 1917, o chamado Exército de Voluntários, agrupando alguns milhares de ex-oficiais do exército czarista. Este seria o núcleo da *Frente Sul* das forças *brancas*. Chegariam, em setembro de 1919, a Voronej, cerca de 500 km de Moscou. A partir daí, derrotas as empurrariam na direção da Crimeia. Sob o comando de P. N. Wrangel, ainda lutaram até novembro de 1920, quando seriam definitivamente expulsas do território russo.

Os Exércitos Brancos se constituiriam também na *Frente Leste*, na Sibéria, comandados pelo almirante A. V. Koltchak. Em princípios de 1919, desfecharam

46 UNIÃO SOVIÉTICA

grande ofensiva na região do Volga, com o objetivo de alcançar Moscou, mas foram detidos e derrotados. Koltchak morreu fuzilado em fevereiro de 1920.

Na parte final da guerra civil, surgiu uma *Frente Ocidental*, liderada pelo general N. N. Iudenitch. Em começos de 1920, apoiado por franceses e poloneses, chegou a ameaçar Petrogrado, mas também seria derrotada pelos vermelhos, batendo em retirada e se dissolvendo nos Estados bálticos.

Os Exércitos Brancos, embora detendo certo grau de autonomia operacional, deveram sua capacidade de combate aos apoios estrangeiros, em particular, da França e da Inglaterra. Estas potências, inconformadas com a retirada da Rússia da Grande Guerra e com as medidas tomadas pelo governo revolucionário (cancelamento de dívidas, expropriação de empresas etc.), estimularam e financiaram conspirações e tentativas de golpes, frustradas. Além de oferecer retaguarda logística aos generais *brancos*, enviaram tropas à Rússia.

Em março de 1918, contingentes anglo-franceses desembarcaram em Murmansk e Arkangelsk, no extremo norte da Rússia. No sul, no Mar Negro, os franceses desembarcaram em Odessa. Os ingleses enviaram tropas ao Cáucaso, com o objetivo de tomar Baku, então um dos maiores centros de produção de petróleo do mundo. Por fim, no extremo oriente, em Vladivostok, desembarcaram tropas japonesas e estadunidenses.

Tais tropas não chegaram a tomar parte diretamente nos enfrentamentos entre *brancos* e *vermelhos,* o que se deveu a protestos nos países de origem e entre as próprias tropas (motins da esquadra francesa no Mar Negro). Na retirada final das tropas do general Wrangel da Crimeia, em 1920, os navios ingleses ainda foram essenciais no embarque das dezenas de milhares de soldados e civis que partiram para o exílio.

A guerra entre vermelhos (bolcheviques) x negros (anarquistas)

Embora subestimados, os anarquistas desempenharam certo papel nas Revoluções Russas. Foram pioneiros no estímulo aos sovietes como órgãos de luta e de exercício do poder. Apoiaram os decretos revolucionários, participando, antes e depois de Outubro, nos sovietes de operários (comitês de fábrica) e de soldados e marinheiros (Kronstadt).

Apesar de críticos ao processo de centralização, houve anarquistas que se integraram ao Exército Vermelho ou a outras estruturas de Estado. Segundo eles, a opção se impunha para salvar a Revolução. Outros, porém, nos sovietes continuaram criticando as derivas autoritárias do poder, sendo objeto, não raro, de prisões e maus-tratos. No contexto da polarização das guerras civis, as margens de crítica tornaram-se difíceis até se extinguirem completamente em 1921.

Os anarquistas formaram depois de Outubro um exército, na Ucrânia, liderado por N. Makhno. Agrupando dezenas de milhares de camponeses, combateu os invasores alemães depois da Paz de Brest-Litowski (que os anarquistas condenaram), entre março e outubro de 1918. Operando na forma de guerrilhas rurais, o Exército *Negro* ganhou força. Em 1919, em aliança com os bolcheviques, foram decisivos na derrota dos *brancos*, seja na retaguarda destes, seja nos combates às tropas do general Wrangel. Após a derrocada dos *brancos*, desrespeitando os compromissos assumidos, os bolcheviques exigiram que os *negros* entregassem as armas e se desmobilizassem. A recusa do *ultimatum* gerou combates encarniçados vencidos pelos *vermelhos*.

A guerra entre russos x nações não russas

Os movimentos nacionalistas apareceram na Revolução de 1905 e voltaram a se manifestar a partir de março de 1917. O Governo Provisório reconheceu a independência da Polônia russa, um gesto simbólico, uma vez que as terras polonesas do Império czarista estavam sob domínio alemão. Mas abriu as portas para a questão ganhar relevância.

As demandas por autonomia se transformaram em reivindicações pela independência. Os povos não russos queriam ter a própria assembleia constituinte e não esperar pelos russos decidirem os seus destinos.

Para os conservadores russos, questionar a integridade da Rússia era algo inadmissível. Os chefes militares *brancos* sempre falariam da necessidade de uma Rússia *una e indivisível*.

Entre os socialistas, havia consenso quanto à autonomia cultural e política. Mas a independência dos povos não russos suscitava debate. Antes da Revolução houve uma controvérsia entre Rosa Luxemburgo e V. Lenin sobre a articulação entre socialismo e independência nacional. Rosa, polonesa de origem (nascera na Polônia russa), sustentava que a independência nacional era uma "bandeira burguesa", no quadro da construção dos Estados nacionais. Ao proletariado e a seus partidos competia fortalecer o internacionalismo. Já V. Lenin, atento ao potencial desagregador das lutas nacionalistas, sustentava que os socialistas russos deveriam reconhecer o direito à independência nacional dos povos não russos, resgatando uma reflexão de Marx, segundo a qual não pode ser livre um povo que oprime outros povos.

48 UNIÃO SOVIÉTICA

Em 1917, quando emergiram as lutas nacionalistas, V. Lenin não teve dúvidas em defender o direito à independência. Logo após o II Congresso dos Sovietes, aprovou-se o reconhecimento do direito à secessão. Coerentemente, o CCP reconheceu a independência da Finlândia em dezembro de 1917.

Entretanto, o mesmo procedimento não seria adotado em outros casos. Diante da proclamação da independência da Ucrânia, pela Assembleia local (a Rada), o governo revolucionário organizou uma expedição armada, em janeiro de 1918, para impedir que o processo se consolidasse. Em face das exigências alemãs em Brest-Litowski, os bolcheviques foram obrigados a recuar. Entretanto, depois do desmoronamento da Alemanha, em novembro de 1918, eles voltariam a negar pela força o direito à independência dos ucranianos. E o mesmo fariam no Cáucaso, submetendo pela força às aspirações seccionistas da Geórgia.

A formulação do Comissariado do Povo para as Nacionalidades, dirigido por J. Stalin, para negar o direito à independência, baseava-se na ideia de que este deveria ser requerido pelos trabalhadores e não pelos representantes da burguesia. Ora, nas cidades ucranianas (o que também acontecia em todas as regiões orientais), uma grande proporção de operários, sobretudo no leste do país, era de origem e nacionalidade russas. Não queriam abrir mão dos direitos atribuídos aos trabalhadores pela Revolução. Etnicamente, sentiam-se russos. Pronunciaram-se, em consequência, pela unidade com a Rússia. Entre os camponeses, todos queriam acesso a terra. Mesmo entre os cossacos, as reivindicações igualitárias ganharam força. Ora, na medida em que os nacionalistas não assumiam essas demandas, perderam capacidade de mobilização de amplos setores para a causa da independência. No caso da Ucrânia, também enfraqueceu os nacionalistas a conciliação dos seus líderes com a ocupação alemã que se seguiu à Paz de Brest-Litowski e que perduraria até novembro de 1918, quando se iniciou a sua retirada.

Assim, enfraquecidos por distintos motivos os movimentos nacionalistas, os povos não russos foram submetidos à força pelos russos. Salvaram-se apenas os que estavam a ocidente, protegidos por fortes movimentos nacionalistas, pela pouca relevância de minorias russas e pelo apoio das potências ocidentais que se colocaram como garantidoras das independências.

É preciso ainda acrescentar que o governo revolucionário passou a apelar para o patriotismo russo como fator de coesão e de mobilização das vontades. Tornaram-se comuns os *slogans* para "salvar a pátria do socialismo", ou simplesmente, "a pátria russa". Para muitos oficiais do ex-exército czarista, os bolcheviques, apesar de seus defeitos, eram os que podiam "salvar" a Rússia.

AS REVOLUÇÕES RUSSAS: 1905-1921 **49**

Ainda haveria uma última guerra mobilizando a questão nacional: a invasão polonesa da Rússia em abril de 1920. Armado pelos franceses, aliado aos nacionalistas ucranianos, o Estado polonês, superestimando o enfraquecimento dos bolcheviques, desencadeou uma guerra de agressão. O feitiço virou contra o feiticeiro. Foi o Exército Vermelho que chegou às portas de Varsóvia, sendo aí derrotado. Mas a guerra acirrou preconceitos e ódios ancestrais. No caso da Rússia revolucionária, incentivou tendências nacionalistas, potencializadas no curso das guerras civis.

A guerra entre vermelhos (bolcheviques) x verdes (camponeses sem partido)

O reconhecimento dos enfrentamentos entre *vermelhos* e *verdes* é relativamente recente, mas a historiografia tem iluminado estes conflitos que permearam o período das guerras civis.

Desde que os bolcheviques romperam a grande aliança com os camponeses, começaram a brotar protestos. Assumiam a forma da *resistência passiva* (ocultação ou destruição de estoques de grãos; destruição de plantações; diminuição da área semeada) ou da *greve camponesa*, como se dizia na época. Podiam surgir como *revolta ativa,* armada, contra os destacamentos enviados pelas cidades, ou na forma de atentados pessoais contra representantes do regime; ou ainda tomar corpo através de revoltas coletivas.

No verão de 1918, poucos meses depois dos decretos que decidiram as requisições forçadas dos grãos, as autoridades reconheciam a existência de dezenas de movimentos coletivos de revolta no campo. Mais tarde, mesmo quando os decretos foram revogados, em 1919, as requisições continuaram, por exigência da própria guerra: era preciso alimentar o exército e os operários, sobretudo os que trabalhavam nas indústrias de guerra.

Um outro fator de exasperação era a conscrição adotada por *vermelhos* e *brancos*, driblada através da deserção e da fuga para florestas e bosques, daí o nome de *verdes*, como passaram a ser conhecidos os grupos camponeses de guerrilha que combatiam simultaneamente *vermelhos* e *brancos*.

Os *verdes* identificavam os *brancos* como os principais inimigos, pois estes nunca reconheceram como válido o decreto revolucionário sobre a terra, consagrado em Outubro. Mas passaram a ver os bolcheviques com desconfiança, pois suas *práticas* – requisições e conscrição forçadas – contrariavam seus interesses.

50 UNIÃO SOVIÉTICA

Entre as revoltas camponesas, destacou-se a de Tambov, entre 1919 e 1921, dirigida por um líder camponês, A. S. Antonov. Embora vinculado aos SRs, o movimento não foi liderado por nenhum partido, mas organizado pelos camponeses insatisfeitos com as políticas bolcheviques para o campo. Com densas raízes populares, o esmagamento da revolta obrigou os bolcheviques a mobilizar unidades e comandantes de elite. Conseguiram, afinal, matar Antonov e seu irmão em junho de 1921. Mas revoltas locais em outras partes da Rússia continuariam até meados da década de 1920.

O comunismo de guerra

Como vimos, o processo de centralização política e estatização da economia deu os primeiros passos antes das Revoluções de 1917, condicionado pelo caráter *total* da guerra.

Depois de Outubro, por iniciativa do CCP, o sistema bancário e setores industriais estratégicos passaram ao controle do governo, assim como o comércio externo. Ao mesmo tempo, o Narkomprod assumia o controle das Cooperativas, uma importante rede autônoma que se desenvolvera na Rússia, ganhando amplitude no curso da Guerra.

Mas a estatização não se reduziu a iniciativas do governo. Nas bases da sociedade, os trabalhadores ocupavam as indústrias reivindicando a presença do Estado. Do *controle operário* passava-se à propriedade estatal, de sorte que, antes do fim de 1918, a economia encontrava-se nas mãos do governo. As exigências das guerras civis consolidaram o processo. Organizar de forma centralizada a produção industrial para atender às demandas do Exército Vermelho (cerca de 5 milhões de homens em 1920) em alimentos, vestuário, armas e munições e demais equipamentos passou a ser o eixo das políticas do governo revolucionário. Uma questão de sobrevivência.

A incidência desses critérios e as circunstâncias das guerras civis conduziram a uma dramática escassez. As políticas de racionamento abrangeram cada vez mais produtos. O passo seguinte, considerando a galopante inflação que destruiu a moeda como equivalente geral, foi regredir a uma economia de troca. Já não se pagavam salários em moeda, que nada valia, nem se pagavam pelos serviços, que se tornaram, quando existentes, gratuitos.

Houve, então, a ilusão de que se havia alcançado a fórmula utópica do comunismo, um *comunismo de guerra*, cada um recebendo de acordo com as suas necessidades e contribuindo, conforme suas possibilidades. Uma ilusão desmentida pelo exame das retribuições oferecidas aos oficiais e aos soldados do próprio Exército Vermelho, sem falar nas diferenças das compensações oferecidas aos gerentes das empresas e aos operários que nelas trabalhavam e o mesmo se poderia verificar nos ganhos, em produtos ou/e serviços, recebidos pelos altos dirigentes das instituições estatais e os pequenos funcionários. Mas havia um esforço para reduzir as desigualdades ao mínimo possível e uma vontade deliberada de alcançar padrões igualitários que faziam recordar as utopias camponesas russas.

No Estado, no Partido e na economia, a coerção passou a ser empregada, celebrada e mesmo naturalizada. Os padrões autoritários transmitiam-se do centro do poder ao exercício local do mando, nas empresas, nos bairros, no conjunto das instituições, construindo um processo que o historiador N. Werth chamou de *brutalização das relações sociais*.

A Rússia, o país mais livre do mundo em 1917, transformou-se numa sociedade em que as ordens e as diretivas verticais se aplicavam através da intimidação e da força, quando não pela presença pela ação da polícia política, a Tcheka. Nessas condições, demandas e dinâmicas democráticas tinham escassas margens para se manter.

Há controvérsias sobre se o *comunismo de guerra* foi uma consequência de circunstâncias imprevistas e não controladas; se não passou de uma racionalização tentando fazer da necessidade, virtude. Ou se terá sido, ao contrário, a busca consciente de uma utopia igualitária e de uma autoridade revolucionária – o partido de vanguarda – capaz de empreendê-la e a cuja vontade todos deveriam se curvar para a construção do "bem comum".

No fim das guerras civis, era perceptível que uma outra revolução acontecera naqueles anos, diferente das aspirações democráticas radicais das Revoluções de 1905 e de 1917. Haveria ainda chances de alterar o rumo?

Uma revolução isolada internacionalmente, apesar da tentativa de criar o *Comintern,* a Internacional Comunista (IC), em 1919. *Um Estado centralizado. Uma economia estatizada. Um partido único no poder. Um exército poderoso. Uma polícia política pervasiva. A ditadura política revolucionária.* Aí estavam bases e referências que nenhum revolucionário houvera concebido ou previsto em Outubro. Realizara-se *uma revolução na Revolução.* Não estariam nos resultados proporcionados pelas guerras civis, mais que em Outubro, as bases e o berço do socialismo soviético?

Vencedores e vencidos

Em Outubro, poucos acreditavam nas chances da insurreição vitoriosa. Entre os inimigos dos bolcheviques, socialistas ou não, era nula a expectativa de que aquela experiência tivesse êxito. Mesmo que não fosse derrotada, ela se decomporia, pois representava um desafio insuperável às condições históricas: um país agrário, *atrasado*, e, além de tudo, devastado por sete anos de guerra, não poderia almejar a construção do socialismo.

No entanto, os destinados pela História a perder venceram.

Cumpre compreender o que aconteceu.

Comecemos pelas condições e pelas decisões que favoreceram os vencedores.

É verdade que, após a Paz de Brest-Litowski, a Rússia revolucionária reduziu-se ao eixo Petrogrado/Moscou e a províncias próximas. O território, no entanto, era considerável em tamanho físico, recursos naturais, econômicos e população (algo em torno de 60 milhões de habitantes). Ali estavam as redes de estrada de ferro e de rodagem, e as indústrias de produção de armas e munições. Essa configuração geopolítico-econômica favorecia os deslocamentos de tropas e dos trens blindados que atendiam a diferentes frentes, permitindo que os bolcheviques combatessem em *linhas interiores,* ou seja, as tropas sob liderança bolchevique se moviam *dentro* de um território unificado sob seu controle.

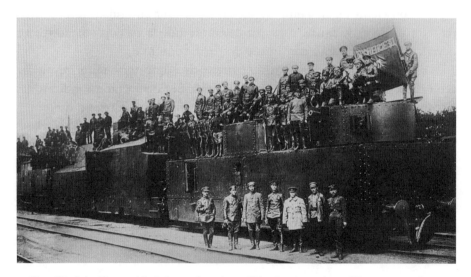

Trem blindado. Os trens blindados, trafegando em linhas interiores, desequilibraram a correlação de forças a favor dos bolcheviques no curso das guerras civis. Autor da foto: V. Bulla. Ano: 1919

Nada disso teria eficácia não fossem as relações entre o governo revolucionário e os trabalhadores e classes populares, sobretudo nas cidades. As políticas igualitárias, apesar dos apertos impostos pela escassez, estabeleceram um claro contraste em relação ao passado de desigualdades sociais e criaram laços de coesão. O retorno dos *de antes* não era percebido como uma alternativa para as grandes maiorias. Os desgastes ensejados pelas políticas de conscrição e de requisições forçadas alcançavam *vermelhos* e *brancos*. Entretanto, os bolcheviques nunca revogaram os decretos revolucionários de outubro-novembro de 1917. Já os *brancos*, onde podiam, restabeleciam a propriedade privada das terras e o cortejo de exações associadas. Para os camponeses, mesmo para os *verdes*, era uma distinção importante.

Outro aspecto que favoreceu os bolcheviques: eles se associaram à sobrevivência da Rússia como país soberano. A dependência dos *brancos* com relação às potências estrangeiras era notória. Os soldados estrangeiros em solo russo o demonstravam.

Além disso, os bolcheviques foram capazes de organizar instituições centralizadas e eficazes: o Exército, o Partido, o Estado. No Exército, destacou-se a figura de L. Trotski. No Estado, V. Lenin. No Partido, enquanto esteve vivo, I. M. Sverdlov. Ao lado deles, milhares de militantes dispostos a tudo, evidenciando capacidade de organização.

Em contrapartida, os *brancos* enfrentaram condições mais difíceis. Os territórios dominados por eles nunca dispuseram dos mesmos recursos de que dispunham os bolcheviques. E não tinham conexões entre eles, não estavam unificados, obrigando-os a combater em *linhas exteriores*.

Além disso, os *brancos* demonstravam uma intransigência suicida. A insistência em manter a propriedade privada das terras alienava os camponeses. A defesa dos privilégios afastava os trabalhadores das cidades. A obstinação em reivindicar a Rússia *una e indivisível* impedia a aliança com os não russos. Apoiados em potências estrangeiras, os *brancos* apareciam como uma força antinacional.

Para terminar, os *brancos* não criaram instituições capazes de coesioná-los. Não construíram um partido ou um movimento centralizado. Nunca definiram um programa político capaz de unificá-los, sendo visível a rivalidade entre os chefes para encarnar o mando.

Em seu conjunto, esses aspectos os levaram à sua derrota final.

A REVOLUÇÃO DE KRONSTADT

O processo revolucionário iniciado em 28 de fevereiro de 1921, e que se estendeu até 17 de março do mesmo ano, embora de curta duração, foi denso do ponto de vista histórico.

As tradições revolucionárias da base naval de Kronstadt, com cerca de 40 mil marinheiros, são bem estabelecidas. Em outubro de 1905, a insurgência contra a Autocracia custou-lhes perto de 3 mil prisioneiros, 17 mortos e 82 feridos. Um julgamento expeditivo condenou à pena capital 36 marinheiros e à deportação, centenas de revolucionários.

Em fevereiro de 1917, os marinheiros voltaram a se rebelar. Vitoriosos, eliminaram 80 oficiais, inclusive vários almirantes, e passaram a controlar a frota do Báltico.

Em maio, transformaram-se numa espécie de *república livre*, regida por grandes assembleias, baseada em conselhos/sovietes de marinheiros nos navios de guerra e na cidade que existia na ilha.

Daí em diante, teriam participação ativa em manifestações armadas, identificadas com a proposta de transferência do poder aos sovietes. Grande parte dos marinheiros militantes eram anarquistas, bolcheviques ou SRs de esquerda, as tendências mais radicais em 1917.

Ao longo das guerras civis, embora muitos formulassem reservas à ditadura política revolucionária dominada pelos bolcheviques, não deixaram de participar: tratava-se de salvar a Revolução, silenciando dissonâncias.

Entretanto, a partir do segundo semestre de 1920, vencidas as guerras civis, amadureceram entre os marinheiros críticas ao governo bolchevique, no contexto das rebeliões camponesas e das greves operárias que eclodiram em Petrogrado e Moscou. No VIII Congresso dos Sovietes, em dezembro de 1920, essas posições seriam vocalizadas pelas oposições ainda permitidas. Lembremos que, no próprio Partido Bolchevique, surgiram tendências opostas (Centralismo Democrático e Oposição Operária) à ditadura revolucionária e a suas políticas.

Pressionado por essas circunstâncias, o governo revolucionário, antes do fim do ano de 1920, começou a abandonar o *comunismo de guerra*, revendo as políticas de requisição forçada e atendendo a reivindicações dos operários. Mas se manteve insensível em relação a revisões políticas maiores. Sem embargo, prisões de militantes SRs, anarquistas e mencheviques, repressão aos protestos sociais que se avolumavam, sobretudo no campo, não impediram o crescimento da insatisfação.

Em fins de fevereiro de 1921, informados de greves e da repressão aos trabalhadores em Petrogrado, os marinheiros de Kronstadt reuniram-se numa assembleia e formularam uma Carta de reivindicações. Em síntese, prestavam solidariedade aos grevistas, demandavam reconhecimento de autonomia para os comitês agrários, plena liberdade de organização e de reunião e realização de eleições livres para renovação dos sovietes, supervisionadas por comissões pluripartidárias.

Em 2 de março, uma outra assembleia, já agora com a presença de delegados do governo revolucionário, constituiu um Comitê Revolucionário Provisório (CRP), formado por nove marinheiros, cinco operários e um mestre-escola. No dia seguinte, começou a circular o jornal *Izvestia* (Notícias), publicado até 16 de março.

Os marinheiros, embora afirmativos nas propostas, propunham o diálogo com o Governo Revolucionário, colocando-se como integrantes da aliança que vencera as guerras civis. Mas o governo não adotou a mesma postura. Tratou o movimento como contrarrevolucionário, similar às forças *brancas*. E ordenou a prisão, como reféns, das famílias dos marinheiros que moravam em Petrogrado em represália à prisão de dirigentes comunistas na base naval. Ao mesmo tempo, aprovou concessões aos operários, cujas greves refluíram. Na sequência, formulou um *ultimatum*, exigindo a rendição incondicional dos marinheiros em 48 horas. Se não capitulassem, a base seria bombardeada.

Os bolcheviques tinham pressa. As revoltas camponesas e as greves operárias poderiam ser catalisadas pelo questionamento dos marinheiros, reabrindo enfrentamentos violentos. Além disso, a temporada do degelo iria começar a qualquer momento, liberando os navios de guerra ancorados em Kronstadt, que se transformariam em verdadeiras *fortalezas móveis*, aproximando-se de Petrogrado e podendo criar uma situação de crise imprevisível. Finalmente, os bolcheviques estavam às vésperas de iniciar seu X Congresso (realizou-se, em Moscou, entre 8 e 16 de março de 1921), quando iriam tomar novas medidas de abandono do *comunismo de guerra* e não queriam que se imaginasse que o estavam fazendo sob pressão.

Os marinheiros não cederam. E responderam ao começo do bombardeio com um novo texto, publicado em 8 de março, anunciando uma "terceira Revolução". Um ponto de não retorno.

UNIÃO SOVIÉTICA

A Revolução de Kronstadt

Por que nós combatemos

Após haver vencido a Revolução de Outubro, a classe operária esperava ter realizado sua emancipação. Mas o resultado foi uma servidão ainda mais profunda da pessoa humana [...].

O glorioso emblema do Estado operário – a foice e o martelo – [...] foi substituído pela baioneta e pela grade da prisão [...] que garantem uma vida tranquila [...] à nova burocracia dos comissários e dos funcionários comunistas.

[...]

Kronstadt-a-vermelha dá o exemplo [...] aqui se levantou a bandeira da revolta contra os três anos de violência e de opressão comunistas [...]. Aqui em Kronstadt pusemos a primeira pedra da terceira Revolução que explodirá os últimos obstáculos das massas trabalhadoras e abrirá bem grande a nova via da criatividade socialista.

[...]

Os operários e os camponeses não se detêm, deixando no passado a Assembleia Constituinte e seu regime burguês, a ditadura comunista, a Tcheka e o capitalismo de Estado. [...]

A sublevação atual oferece [...] aos trabalhadores a oportunidade de eleger sovietes livres que funcionarão sem qualquer pressão partidária e de transformar os sindicatos burocratizados em associações livres de operários, de camponeses e de trabalhadores intelectuais.

(Fonte: texto publicado em 8 de março de 1921 na *Izvestia* de Kronstadt. In: AVRICH, Paul. *La Tragédie de Cronstadt, 1921*. Paris: Seuil, 1975, pp. 228-230.)

A luta prolongou-se até 17 de março, quando ocorreu o assalto final. O balanço registrou, entre os marinheiros, 600 mortos, cerca de mil feridos e 2.500 prisioneiros, mas a maior parte das lideranças conseguiu escapar para o exílio na Finlândia. Entre as tropas de assalto, houve pesadas perdas, em torno de 10 mil homens, entre mortos e feridos.

As últimas propostas de democratização do socialismo foram, assim, derrotadas.

O caráter ditatorial do poder revolucionário, fundado no contexto das guerras civis, nunca mais seria alterado até a desagregação final da União Soviética, em fins de 1991.

AS REVOLUÇÕES RUSSAS: BALANÇO HISTÓRICO

A História das Revoluções russas tem sido escrita no singular. Nos dois campos mais importantes, a historiografia liberal e a historiografia soviética, o complexo processo das revoluções foi reduzido à Revolução de Outubro. O fenômeno encontrou eco no centenário de 2017, quando os debates renderam-se ao episódio da insurreição vitoriosa (24-25 de Outubro), ao II Congresso dos Soviets (25-27 de outubro), aos operários e aos soldados em Petrogrado, aos bolcheviques e a suas principais lideranças, não havendo dúvida a respeito de Outubro como berço do socialismo soviético.

Retornou uma antiga polêmica: Outubro foi um golpe (historiografia liberal) ou uma revolução (historiografia soviética)? Há décadas o historiador Marc Ferro elucidou o falso dilema: em Outubro houve *um golpe e uma revolução.*

Golpe, sem dúvida. Os bolcheviques, no comando do Soviete de Petrogrado e do Comitê Militar Revolucionário (CMR), decidiram a insurreição sem autorização do Congresso Soviético. Aliás, o Comitê Central bolchevique aprovara a insurreição como *tarefa imediata* desde 10 de outubro. E a deposição do Governo Provisório foi anunciada na manhã de 25 de outubro, *antes* da abertura do Congresso como *fato consumado.* Cumpre ainda recordar que, em fins de julho de 1917, o VI Congresso do Partido Bolchevique, descrente dos soviets, considerados moderados, adotou a proposta de uma insurreição revolucionária apoiada nos Comitês de Fábrica, na Guarda Vermelha, nos marinheiros de Kronstadt e na Frota do Báltico, ignorando as estruturas soviéticas. A orientação só foi revogada *depois* do golpe do general Kornilov, quando os principais soviets mudaram de posição, radicalizando-se, *bolchevizando-se,* no contexto de uma revolução agrária em plena ebulição.

Apesar disso, não há como se negar o caráter *democrático e revolucionário* da insurreição de Outubro.

Democrático, na medida em que os decretos aprovados pelo II Congresso dos Soviets e nos dias subsequentes consagraram as conquistas das amplas maiorias (camponeses, operários, soldados e marinheiros e nações não russas), sem cujo apoio a vitória não teria acontecido.

Revolucionário, porque houve uma transformação radical das condições existentes, liquidando-se a preeminência das classes dominantes urbanas e rurais, destituindo o Governo Provisório e rompendo a dependência dos capitais estrangeiros.

Revolucionário e democrático, enfim, porque o Conselho dos Comissários do Povo aceitou a realização de eleições inéditas para a Assembleia Constituinte, com participação de milhões e milhões de eleitores, mulheres e homens, civis e soldados, maiores de 18 anos.

Primeiro Congresso de Mulheres Revolucionárias, em 1920. O movimento político e social das mulheres foi um importante fator nas Revoluções Russas. A legislação favorável aos seus interesses, aprovada entre 1918 e 1921, era das mais avançadas da época.
Autor da foto: P. Otsup. Ano: 1920

Assim, Outubro primou pelo *duplo caráter*: *golpista*, evidenciado na decisão autoritária, anunciando tendências ditatoriais; e *democrático*, comprovado na aceitação e na participação das amplas maiorias. Em qualquer caso, *revolucionário*, reconhecendo-se no plano político e jurídico os interesses dos movimentos sociais, no campo e nas cidades.

O duplo caráter permaneceria no período que chamamos de *interregno*, entre outubro-novembro de 1917 e julho de 1918. Houve então o choque das tendências autoritárias e democráticas.

Foi no contexto das guerras civis (1918-1921) que as tendências autoritárias, tomando a forma da ditadura política, prevaleceram e se consolidaram, radicalizando-se na proposta e na ideologia do *comunismo de guerra*.

A aceitação do duplo caráter da Revolução de Outubro permite reconhecer e reconfigurar o processo histórico das múltiplas Revoluções Russas.

Houve um primeiro ciclo revolucionário – *democrático* – constituído pelas Revoluções de 1905, de Fevereiro de 1917 e – parcialmente – pela própria Revolução de Outubro. Nelas se exprimiram as demandas dos movimentos sociais. Consagrou-se a antiga reivindicação de uma Assembleia Constituinte. Surgiram estruturas políticas de novo tipo – os conselhos/sovietes – que apontavam para uma democratização ainda mais radical da sociedade, incentivando participação e controle mais efetivos do que as assembleias de representantes elaboradas pelas revoluções nacionais e pelas lutas democráticas europeias do século XIX.

Essas características reapareceram em Outubro, mas apenas parcialmente. E a ênfase desmesurada em Outubro conduziu ao esquecimento as duas Revoluções que a antecederam. A de 1905, pouco estudada, tem papel e perfil próprios – plenamente democráticos, nada autorizando a ideia de uma revolução que assumiria um caráter ditatorial.

A Revolução de Fevereiro também foi subestimada, soterrada pelas polêmicas ensejadas em torno de Outubro. O contraste entre Fevereiro e Outubro precisa ser considerado.

A Revolução de Fevereiro foi imprevista, a de Outubro, preparada e organizada pelo Conselho Militar Revolucionário do Soviete de Petrogrado, sob liderança do Partido Bolchevique.

A de Fevereiro foi uma revolução anônima, empreendida por multidões, durante cinco dias de manifestações de rua, organizada por um complexo agenciamento de organizações e grupos populares, com participação tardia e não decisiva dos partidos políticos. A de Outubro foi resolvida em uma noite, desencadeada e completada por uma organização militar específica. As lideranças tinham nome e sobrenome conhecidos: L. Trotski, presidente do Soviete de Petrogrado, e V. I. Lenin, líder do Partido Bolchevique.

A de Fevereiro foi violenta, suscitando milhares de mortos e feridos. A de Outubro, praticamente pacífica. No dia seguinte ao início da insurreição, com exceção dos arredores do Palácio de Inverno, cercado, a vida seguia seu curso, e o comércio e os transportes públicos funcionavam normalmente.

A de Fevereiro foi unânime. A de Outubro suscitou oposições desde o início, nem entre os socialistas alcançou consenso.

A de Fevereiro abriu um tempo de crises, cada vez mais exasperadas, mas no contexto de um processo de caráter político e democrático. A de Outubro ensejou um *interregno* – período no qual se acirraram as contradições entre propostas democráticas e autoritárias – e, um pouco mais tarde, um período de guerras civis que devastou o país.

A de Fevereiro deu sequência às lutas democráticas iniciadas em 1905. A de Outubro encerrou este ciclo e, simultaneamente, abriu um outro, em que prevaleceria o modelo de um socialismo autoritário.

O caráter autoritário do socialismo soviético consolidou-se apenas *depois* do *interregno*, nas guerras civis e no comunismo de guerra. No âmbito das guerras civis houve uma nova revolução, uma *revolução na Revolução*, desfazendo as marcas e as tradições democráticas das Revoluções anteriores. A Assembleia Constituinte foi fechada. Os sovietes, desvitalizados. As alternativas, reprimidas. No comunismo de guerra, o Estado agigantou-se, tornou-se uma ditadura política incontrolável. Profundas reformas foram concretizadas, mas sob o domínio da ditadura política. Daí por que seria coerente com as evidências figurar o berço do socialismo soviético no período das guerras civis, em que desapareceu o duplo caráter de Outubro para se afirmarem as tendências autoritárias, anunciadas quando se deu a insurreição vitoriosa, mas oscilantes no período do *interregno*, consolidadas apenas no período das guerras civis.

Outra Revolução esquecida – a de Kronstadt – tentou ainda reacender a luz das tradições democráticas. Sua derrota ensejou o fortalecimento em longo prazo da ditadura política, um marco histórico, um novo modelo – o do socialismo autoritário – que condicionaria para sempre a história do socialismo no século XX.

Neste início do século XXI, à luz das evidências, cabe extrair do silêncio e do esquecimento as Revoluções Russas de 1905, de Fevereiro de 1917 e de Kronstadt em 1921. Elas desempenharam um papel-chave na luta contra a Autocracia e na defesa dos valores democráticos, tão caros ao socialismo do século XIX.

A construção do socialismo soviético: 1921-1953

A NOVA POLÍTICA ECONÔMICA (NEP): TRÉGUA OU NOVA ESTRATÉGIA? – 1921-1929

Em 1921, o país estava em ruínas, após sete anos de guerras.
E aí veio a Grande Fome, provocada por dois anos de seca, diminuição da área semeada, insegurança generalizada, transportes desorganizados. A fome, a subnutrição, as epidemias geraram, segundo estimativas, cerca de 5 milhões de mortos.

A reconstrução do país exigia a erradicação da fome e de suas sequelas. A Revolução vencera as guerras civis. Seria capaz de ganhar a paz?

O x Congresso do Partido Comunista Russo (renomeado como tal em 1918), sem alarde, no final dos debates, aprovou mudanças substanciais na política econômica.

As requisições de cereais foram revogadas, abolidas e substituídas por um imposto em espécie. Pago o imposto, o camponês seria livre para dispor de seus excedentes.

Sobre o imposto em espécie
(o significado da Nova Política e as suas condições)

O imposto em espécie é a transição do comunismo de guerra para uma troca socialista regular de produtos.

A ruína extrema, agravada pela má colheita de 1920, tornou esta transição urgentemente necessária devido à impossibilidade de restabelecer rapidamente a grande indústria [...] melhorar, em primeiro lugar, a situação dos camponeses. Meio: o imposto em espécie, o desenvolvimento da circulação de mercadorias entre a agricultura e a indústria, o desenvolvimento da pequena indústria.

A circulação de mercadorias é a liberdade de comércio, é o capitalismo. Ele nos é útil na medida em que ajudar a lutar contra a dispersão do pequeno produtor e, até certo ponto, contra o burocratismo. Não há nisso nada de terrível para o poder proletário enquanto o proletariado mantiver firmemente o poder, [...] os transportes e a grande indústria [...] nas suas mãos [...]. Desenvolver em todos os sentidos [...] a iniciativa e a autonomia locais no estímulo da circulação de mercadorias entre a agricultura e a indústria.

Apoiar a pequena indústria que serve a agricultura camponesa e a ajuda a se reeguer [...].

Os comunistas não devem recear *aprender* com os especialistas burgueses, incluindo os comerciantes, os pequenos capitalistas [...] do mesmo modo que aprendemos e nos instruímos com os especialistas militares. Os resultados do *ensino* deverão ser verificados apenas pela experiência prática [...].

Ajudar por todos os meios a massa dos trabalhadores, aproximar-se dela, destacar dela centenas e milhares de funcionários sem partido para o trabalho econômico. E os *sem partido* que de fato não sejam mais do que mencheviques e socialistas-revolucionários, devemos mantê-los cuidadosamente na prisão ou enviá-los para Berlim [...].

21 de abril de 1921. V. I. Lenin

(Fonte: LENIN, V. *Obras escolhidas em três volumes*. Moscou/Lisboa: Edições Progresso/Edições "Avante!", 1977, v. III, pp. 492-520. Grifos do autor.)

Uma decisão capital: o relançamento das bases da aliança entre operários e camponeses forjada em Outubro e que assegurara o triunfo dos sovietes. No mesmo movimento, o abandono do comunismo de guerra com sua proposta de eliminação radical do mercado.

V. I. Lenin, líder do Partido Bolchevique e da Revolução de Outubro, como sempre, liderara a reviravolta. Analisando a situação do país em começos de 1921, ele distinguiu na Rússia a existência de cinco distintas estruturas econômicas: a economia camponesa patriarcal, a pequena produção mercantil, o capitalismo privado, o capitalismo de Estado e o socialismo. Para o país, segundo ele, o capitalismo de Estado já era um progresso, desde que controlado pelo Estado socialista. Entretanto, nas condições dadas, impunham-se concessões aos camponeses, restaurando a sua liberdade de produção e comércio.

Mas a liberdade do camponês deveria obedecer a restrições. A terra permaneceu nacionalizada, não podendo ser objeto de compra e venda. Também o arrendamento de terras e o trabalho assalariado eram proibidos. Reafirmava-se o Decreto sobre a Terra, de Outubro de 1917: a terra distribuída segundo as possibilidades de trabalho e as necessidades de alimentação das famílias camponesas.

Num plano mais geral, Lenin advertia sobre os perigos que rondavam: o pequeno camponês era um capitalista em potencial, evidenciando-se o antagonismo entre seus interesses e os do socialismo. Os comunistas, controlando o Estado, impediriam reviravoltas futuras. Nesse sentido, era necessário reforçar a ditadura política através do Partido único, neutralizando eventuais alternativas. E no interior do Partido, abolir as tendências organizadas.

No ano seguinte, em 1922, um novo Código Agrário e uma Lei Fundamental sobre a Utilização da Terra pelos Trabalhadores consagraram a virada. Em fins desse ano, criava-se a União das Repúblicas Socialistas Soviéticas (URSS). Os povos não russos acederiam a graus inéditos de autonomia numa série de áreas fundamentais (educação, saúde, cultura), mas o direito de secessão continuaria apenas no papel.

Os camponeses (85% da população) responderam positivamente aos estímulos e às garantias. Os resultados em 1925 mostravam-se compensadores quanto à área semeada (104,3 milhões de hectares) e à colheita de grãos (72,5 milhões de toneladas), apenas 1% e 10% a menos, comparados com 1913, o melhor ano antes da Grande Guerra. Quanto aos rebanhos de bovinos (62,1 milhões) e suínos (21,8 milhões), superavam as melhores marcas anteriores. A indústria leve, responsável pelos produtos que interessavam aos camponeses, também apresentava resultados estimulantes. Considerando uma base 100, relativa a 1913, alguns setores despontavam: calçados (103), fósforos (104), sal (109). Outros, embora recuperando-se, não haviam ainda alcançado os patamares anteriores: querosene (98), algodão (87), tecidos em geral (81), açúcar (77).

64 UNIÃO SOVIÉTICA

O mesmo não acontecia com a indústria pesada (produção de máquinas), com nível muito abaixo do alcançado antes da Guerra.

Outros sinais preocupavam: nas cidades, o desemprego, a delinquência juvenil e infantil, a mendicância. O crescimento da traficância, o mercado paralelo, a especulação, o aparecimento dos chamados *nepmen*, homens enriquecidos à sombra da Nova Política Econômica (NEP, na sigla em russo) através de atividades nem sempre legais, mas toleradas.

No campo, as propriedades coletivas não deslanchavam. Ressurgiam as desigualdades sociais: os *kulaks*, ao arrepio da lei, assalariavam trabalhadores e arrendavam terras.

No plano internacional, depois de um período de efervescência, entre 1918 e 1923, todos os movimentos revolucionários tinham sido derrotados. A Internacional Comunista, fundada em 1919, não fora capaz de suscitar revoluções vitoriosas ou a construção de um poderoso movimento comunista internacional. A revolução europeia não acontecera e o capitalismo, ao menos temporariamente, parecia consolidado. A União Soviética (proclamada em 1922) estava cercada pelo *cordão sanitário*. Na Europa, setores de direita, tolerados, defendiam uma *cruzada* contra a Revolução Russa.

O grande líder da Revolução, V. I. Lenin, doente desde 1922, saiu de cena e faleceu em janeiro de 1924. Além de não deixar um sucessor designado, num dos últimos escritos, seu *testamento*, permitira-se formular críticas aos principais líderes do Partido.

O quadro geral, apesar da recuperação da produção agrícola, gerava apreensão. Muitos se perguntavam: a NEP seria mesmo a via para alcançar o socialismo? A URSS teria condições de se defender dos próximos e inevitáveis ataques do capitalismo internacional? Sem experiências anteriores, os bolcheviques tateavam caminhos.

O Grande Debate

Três vetores, entrelaçados, mas autônomos, estruturariam os debates entre os comunistas soviéticos.

Por ordem cronológica, o primeiro vetor relacionava-se à questão da democracia no Partido e na sociedade soviéticas.

Os críticos das derivas autoritárias do Poder e no interior do Partido exprimiram-se pelas tendências do *Centralismo Democrático* e da *Oposição Operária* e por denúncias à burocratização do Partido. Foram derrotados por amplas maiorias, acusados de não considerarem as circunstâncias concretas e de optarem por concepções burguesas ou pequeno-burguesas de democracia.

O segundo vetor relacionava-se à questão da revolução internacional: a União Soviética, isolada, seria capaz de construir o socialismo? As advertências de L. Trotski quanto à impossibilidade de construir o socialismo num só país foram desconsideradas por inconsequentes. Os comunistas soviéticos, enquanto não ocorresse nova onda revolucionária, teriam que se empenhar na construção do socialismo, mesmo que fosse num só país.

No contexto dessas discussões, Zinoviev, Kamenev e Trotski perderam prestígio e posições. Os dois primeiros foram destituídos do Bureau Político e do Comitê Central. O terceiro foi expulso do Partido e, em 1929, tangido para o exílio na Turquia.

O terceiro e principal vetor concernia às alternativas de construção do socialismo soviético. A questão dizia respeito à aliança com os camponeses.

N. Bukharin, com apoio de J. Stalin, destacou-se como o líder da ideia de que a NEP deveria ser interpretada como uma orientação estratégica, fundada na aliança dos operários com os camponeses. Defendia o conceito do *desenvolvimento ótimo*, preservando-se a aliança com os camponeses, em oposição ao *desenvolvimento máximo*, à custa da maioria da população do campo. As formas coletivas no campo deveriam avançar pela persuasão, lentamente, se fosse o caso, *a passo de tartaruga*. Tal diretriz asseguraria paz e coesão social, condição para eventuais enfrentamentos externos.

E. A. Preobrazhenski, também dirigente político bolchevique, apoiado por L. Trotski, tendia a conceber a NEP mais como um recuo tático do que como uma política de longo prazo. Propunha a redefinição da aliança com os camponeses. Sendo impossível contar com o mundo capitalista, o desenvolvimento autônomo/industrial da economia soviética dependeria de um tributo a ser extraído dos camponeses. Era o que ele chamava de *acumulação socialista primitiva*. A dosagem do tributo poderia ser discutida, mas ele era inevitável e punha em questão a NEP.

As teses de N. Bukharin prevaleceram no XV Congresso do Partido Comunista, em dezembro de 1927, mas com muitas ambiguidades. Muitos (entre os quais J. Stalin) insistiam na necessidade de atender às exigências do desenvolvimento industrial, conferindo-lhe prioridade em relação aos interesses dos camponeses. As agências estatais também reclamavam, no quadro do I Plano Quinquenal, investimentos na indústria incompatíveis com a dinâmica da NEP.

Enquanto o Partido hesitava, as condições no campo deterioravam-se. Nos anos agrícolas de 1926/1927 e 1927/1928, as metas fixadas de compras de cereais pelas agências estatais não se cumpriram. Ao não terem acesso a

66 UNIÃO SOVIÉTICA

produtos industrializados, as famílias que trabalhavam no campo acionavam a *greve camponesa*. Estocavam seus produtos ou não semeavam. Ora, atingir as metas era essencial para abastecer as cidades, as Forças Armadas e garantir exportações que viabilizassem importar máquinas e equipamentos para as indústrias soviéticas. Foi então necessário decretar *medidas de emergência*, ou seja, um retorno às requisições forçadas. Os camponeses, desconfiados, radicalizaram a *greve*. O Estado respondeu com repetidas ondas de medidas emergenciais, derrotando as posições de N. Bukharin, que sustentava a necessidade de preservar a qualquer custo os parâmetros da NEP. Emergiam, absolutos, na direção do Partido, J. Stalin e seu grupo, em que despontavam, entre outros, V. M. Molotov, F. E. Dzerjinski, S. K. Ordjonikidze e L. M. Kaganovitch.

Em abril de 1929, uma reunião do Comitê Central aprovou a versão mais radical do I Plano Quinquenal. Houve novos protestos. Em vão. Em junho e julho de 1929, voltaram as requisições na Rússia e na Ucrânia. Em novembro, um artigo de J. Stalin, "A Grande Virada", anunciava, em tom épico, as linhas de um novo processo revolucionário. Seria complementado por um outro, em fins de dezembro, concitando à liquidação dos *kulaks* como classe. Nesse último mês, foram aprovados planos de coletivização de terras e animais.

A NEP fora abandonada. No horizonte, uma nova revolução.

A REVOLUÇÃO PELO ALTO

O processo histórico que se abriu na União Soviética em fins dos anos 1920 foi *revolucionário*, porque transformou radicalmente as condições da imensa maioria da população, liquidando os camponeses em suas pequenas posses individuais ou familiares e introduzindo unidades coletivas de produção. Uma revolução empreendida *pelo alto, pelo Estado*. A *agricultura coletivizada pela força* viabilizou a *industrialização acelerada*, com ênfase na indústria pesada, e a *urbanização* correspondente, mais uma profunda transformação por que passaria o país.

A coletivização forçada

A repressão política e militar obrigou os camponeses a se organizarem em unidades coletivas de produção: os *kolkhozes* e os *sovkhozes*.

Os *kolkhozes*, juridicamente, eram cooperativas de produção agrícola. Cada família camponesa ingressava com seus meios e implementos agrícolas, e a remuneração deveria corresponder à contribuição e ao trabalho desenvolvido. O caráter cooperativo asseguraria a participação de todos na definição dos objetivos, dos métodos de trabalho e da eleição dos dirigentes das atividades econômicas.

Os *sovkhozes*, do ponto de vista jurídico, eram fazendas estatais. Ali os *mujiques* trabalhavam como assalariados, uma situação análoga à dos operários numa fábrica.

Tais distinções jurídicas, porém, não alteravam o fato objetivo de que, no contexto da coletivização, as metas, os meios de trabalho, as entregas da produção ao Estado e a escolha dos dirigentes das unidades de produção eram determinados pelo Estado, compulsoriamente.

A escalada da coletivização foi definida pelo Bureau Político e pelo Comissariado do Povo para a Agricultura, que fixaram metas para cada área, priorizando as zonas de maior produção e produtividade, os chamados *celeiros* da União Soviética: o Baixo e o Médio Volga, o norte do Cáucaso, a Ucrânia e a Sibéria Ocidental. Registre-se que tais decisões não foram aprovadas por congressos soviéticos, nem por um congresso do próprio Partido Comunista.

Presumia-se que a resistência seria grande. Afinal, apesar de toda a propaganda a respeito dos benefícios e da eficácia das unidades coletivas de produção, em meados de 1929, apenas 7,3% das explorações agrícolas estavam coletivizadas, ou seja, os camponeses aferravam-se à sua conquista revolucionária, reconhecida em Outubro de 1917 (Decreto sobre a Terra) e confirmada nos termos da NEP, nos começos de 1921. Ora, depois das decisões estatais, o ritmo da coletivização disparou: 13,2% em 1º de dezembro de 1929; 20,1% em 1º de janeiro de 1930; 34,7% em 1º de fevereiro; 50% em 20 de fevereiro; 58,6% em 1º de março.

Os relatórios a respeito das resistências suscitadas alarmaram o Bureau Político. Em 2 de março de 1930, publicou-se um artigo de J. Stalin: "A verticalização do sucesso", em que se criticavam os *excessos* cometidos pelas direções locais e regionais. A coletivização era um processo voluntário. Os *mujiques* não deveriam ser obrigados a ingressar nas unidades coletivas de produção.

Suspendeu-se então o recurso à força. O resultado não se fez esperar. Quatro meses depois, a proporção dos que haviam aderido às formas coletivas de produção caíra para 21% do total.

Foi preciso relançar o movimento com toda a força. O recurso alternado a medidas políticas, fiscais, e à repressão aberta ensejou uma nova curva ascendente. Em março de 1931, o patamar de 60% fora novamente alcançado. Em fins de 1935, 98% dos camponeses estavam *coletivizados*.

68 UNIÃO SOVIÉTICA

Os resultados econômicos, à primeira vista, foram decepcionantes. Entre 1928 (último ano da NEP) e 1939, a produção de cereais mostra o seguinte quadro:

Ano	Produção de cereais (em milhões de toneladas)
1928	73,3
1929	71,7
1930	77,1
1931	69,4
1932	69,8
1933	68,4
1934	67,6
1935	62,4
1936	Sem números disponíveis
1937	87,0
1938	67,0
1939	67,0

Fonte: LEWIN, Moshe. *The Making of the Soviet System*. New York: Pantheon Books, 1985, p. 166.

Com exceção de 1937, o que se constata é que, *dez anos depois* de iniciada a coletivização, a produção era quase 10% *menor* do que no ponto de partida. Para evitar variações sazonais, o historiador M. Lewin adotou o procedimento de calcular médias quinquenais desde antes da Primeira Grande Guerra:

Médias quinquenais	Produção de cereais em milhões de toneladas
1909-1913	72,5
1928-1932 (I Plano Quinquenal)	73,6
1933-1937	72,9

Fonte: LEWIN, Moshe. *The Making of the Soviet System*. New York: Pantheon Books, 1985, p. 167.

Ou seja, as médias se mantiveram, desmentindo a propalada eficácia da coletivização.

Em relação ao gado, os resultados também não foram estimulantes:

Ano
1913 =100
1928/137
1929/129
1930/100
1931/93
1932/75
1933/65
1940/114

Fonte: LEWIN, Moshe. *The Making of the Soviet System*. New York: Pantheon Books, 1985, p. 167. Esta tabela se baseia em um procedimento estatístico clássico: apurado um número, considera-se ele como base 100. Os resultados seguintes indicarão se a base cresceu, permaneceu estável ou decresceu.

A CONSTRUÇÃO DO SOCIALISMO SOVIÉTICO: 1921-1953 **69**

Como se pode observar, os resultados em 1940 estavam abaixo, em cerca de 17%, dos resultados alcançados no último ano da NEP.

A coletivização teria sido então inútil?

Do ponto de vista dos camponeses, foi uma tragédia histórica.

Do ponto de vista do Estado e do Partido Comunista, um saldo positivo. Em primeiro lugar, foi alcançado um objetivo central: a liquidação do pequeno camponês posseiro, um "capitalista em miniatura", como dizia V. Lenin. Foi removido o incômodo aliado de 1917, considerado "sinônimo de *atraso*", expressão do "individualismo pequeno-burguês", incompatível com a construção de uma sociedade socialista.

Os *mujiques* resistiram com a energia do desespero, abatiam o gado, incendiavam as plantações, destruíam edificações do Estado, recusavam-se a semear a terra, emboscavam os agentes estatais.

Resistência dos camponeses à coletivização forçada

Relatório do Departamento de Informação do Comissariado do Povo para Assuntos Internos (NKVD) sobre o estado de espírito da população em relação às medidas tomadas pelo Governo na região central das terras negras.

Estritamente confidencial. Fim de fevereiro de 1930.

Ao Comitê Executivo Central.

[...] Os elementos *kulaks* e (socialmente) estrangeiros lançaram contra os *kolkhozes* e contra o fechamento das igrejas uma campanha de agitação desenfreada, encampada essencialmente pelos servidores do culto, os membros das seitas e pelas mulheres [...]. A campanha tomou a forma de rumores segundo os quais os *kolkhozianos* seriam marcados com um selo, suas mulheres pertenceriam a todo o mundo, o regime soviético favoreceria apenas os operários, as igrejas seriam fechadas e os sinos fundidos para fabricar obuses para uma próxima guerra. Além disso, os elementos hostis da população utilizaram largamente em sua propaganda alguns abusos e deformações da linha do partido cometidos por ativistas [...]. Contabilizamos 270 casos caracterizados de propaganda antissoviética.

No mês de fevereiro [...] houve um certo número de sublevações dirigidas pelos *kulaks* e acompanhadas pela parte mais inconsciente da população, isto é, principalmente pelas mulheres. De acordo com dados incompletos, contabilizamos 25 sublevações, suscitadas pela coletivização e pelo fechamento das igrejas. Os órgãos administrativos tomaram as medidas que se impunham para a liquidação das sublevações. Eis alguns exemplos [...].

70 UNIÃO SOVIÉTICA

> Distrito Ostrogojski. Em 28 de janeiro, uma multidão considerável de mulheres se aglomerou perto do soviete rural do burgo de Platava [...] exigindo que se explique enfim se o ingresso no *kolkhoz* era voluntário ou obrigatório. Tendo obtido a resposta – que o ingresso era voluntário, mas que a decisão tomada pela assembleia da aldeia de aceitar o estatuto do *kolkoz* obrigava a aldeia inteira a ser coletivizada – a multidão se precipitou aos gritos para um estábulo coletivo e começou a recuperar seus animais.
>
> No dia 29 de janeiro, a multidão, constituída de mulheres, organizou [...] uma assembleia, reclamando a dissolução do *kolkhoz* [...].
>
> Na noite do dia 29, chegou um destacamento de 25 homens, dirigida pelo secretário do comitê do distrito do Partido [...]. Este declarou que os *kulaks* estavam organizando um complô anti-Socialista Revolucionário [...].
>
> Na madrugada do dia 30, quando um *kulak* estava sendo preso, este último gritou: "Socorro!" e então surgiu uma multidão com armas brancas, composta em maioria por mulheres e crianças, e impediu a prisão. Em seguida, a multidão dirigiu-se para o soviete rural onde se encontravam nossos representantes. Alguns conseguiram fugir, mas oito deles foram detidos como reféns e trocados depois por *kulaks* que tinham sido presos. [...]
>
> No dia 2 de fevereiro, outros ativistas chamados em reforço e soldados do 57º regimento de cavalaria [...] tomaram as medidas que se impunham para liquidar a sublevação e prender os líderes. Estes, armados, resistiram. Houve dois feridos do nosso lado e dois mortos e um ferido no campo dos *kulaks*. [...] durante os dias em que eles controlaram o burgo e suas imediações, os *kulaks* retomaram os bens que tinham sido confiscados, expulsaram o professor da escola e procederam a eleições do soviete rural. [...] Em consequência da liquidação armada da sublevação, 109 pessoas foram presas. [...] Atualmente, a ordem reina no distrito. [...]
>
> Ao longo do mês de fevereiro, os [...] *kulaks* e sua clientela cometeram toda uma série de atos terroristas, incêndios criminosos de casas pertencentes a elementos pró-soviéticos e de bens coletivos transferidos aos *kolkhozes* [...].
>
> Ao longo deste período, contabilizamos 62 assassinatos e cinquenta incêndios criminosos.
>
> (Fonte: WERTH, Nicolas; MOULLEC, Gael. *Rapports secrets soviétiques, 1921-1991*. Paris: Gallimard, 1994, pp. 125-126.)

Foi uma resistência disseminada e plural, criminalizada e duramente reprimida, objeto de penas de prisão, fuzilamentos e deportações (cerca de um milhão de famílias/cinco milhões de pessoas). Em certas regiões, como no ocidente da Ucrânia, os camponeses pagaram caro pela rebeldia. A desorganização da produção que acompanhou a coletivização gerou aguda escassez e fome, com episódios de canibalismo e morte sobretudo dos mais vulneráveis, crianças e velhos. O resultado geral foi a conversão dos camponeses numa classe social privada parcialmente de direitos, uma espécie de *cidadania de segunda classe*.

Para o Estado, porém, o agrupamento dos camponeses permitiu que se fixassem metas e mecanismos rigorosos de controle: o que e como produzir e, mais importante que tudo, quais as quotas das *entregas obrigatórias* de cada unidade de produção. Essas quotas não eram fixadas considerando-se a produção efetiva, mas o potencial da produção, definido pelos técnicos do Governo. Assim, mesmo num quadro de *produção efetiva declinante, as entregas obrigatórias* registraram *curva ascendente*.

Basta observar o quadro seguinte:

Ano	Entregas obrigatórias/em milhões de toneladas
1928	10,7
1929	16,8
1930	22,1
1931	22,8
1932	19,0
1933-1937 (média)	27,5

Fonte: LEWIN, Moshe. *The Making of the Soviet System*. New York: Pantheon Books, 1985, p. 166.

A comparação deste quadro com os anteriores, concernentes à produção de cereais, evidencia que, mesmo no contexto de uma *produção estagnada ou declinante*, a entrega – compulsória – *cresceu* de forma significativa. Vale observar que a comparação da média alcançada entre 1933-1937 com os resultados de 1928 mostra que, na média dos anos 1930, houve uma entrega 2,5 vezes maior do que a obtida em 1928, ou seja, embora os camponeses pudessem registrar uma produção igual ou menor, entregaram muito mais, compulsoriamente.

Um outro aspecto diz respeito à política de preços, fixados pelo Estado, sempre desvantajosos aos interesses dos camponeses, cuja produção era subavaliada em relação aos artigos industriais de que necessitavam. Ainda em 1923, L. Trotski usaria a metáfora da tesoura, cujas hastes, representando os preços industriais e agrícolas, estariam se distanciando. No quadro da NEP, os camponeses podiam resistir recusando-se a vender, estocando ou, no limite, não semeando. Nas condições da coletivização forçada, desapareceu na prática a possibilidade de resistência.

Eis aí a lógica da coletivização da terra: o tributo – em suas múltiplas faces, cobrado do camponês e pago por ele, para financiar a industrialização e a urbanização do país. A tragédia do camponês *espremido* (termo usado pelo historiador M. Lewin) teria efeitos em longo prazo, marcando a história da União Soviética até sua desintegração final.

A industrialização acelerada e a urbanização

A revolução pelo alto acelerou também a industrialização e a urbanização do país.

Como vimos, o I Plano Quinquenal foi aprovado em sua variante *ótima*. As estimativas originais foram duplicadas ou triplicadas, com ênfase nas indústrias de construção mecânica, nas que interessavam à Defesa Nacional, na metalurgia pesada, na infraestrutura de transportes, na produção de energia elétrica, na indústria química, na produção de aço e na extração de carvão e petróleo. Dos investimentos totais, 78% foram direcionados para estes setores.

"No ritmo bolchevique, cumpriremos os prazos. Construir Kuznetsk." O pôster incentiva os trabalhadores a cumprirem as metas do Plano Quinquenal. A bacia de Kuznetsk, riquíssima em carvão e ferro, tornou-se um eixo fundamental da construção do socialismo soviético nos anos 1930. Autor: K. A. Bialov. Ano: 1931

"Num ritmo acelerado, a todo o vapor. Pelo cumprimento do Plano Quinquenal em quatro anos." No âmbito do Primeiro Plano Quinquenal (1928-1933), o pôster incentiva os operários a se empenharem em cumprir as metas em menos tempo do que o previsto. Autor: Artista desconhecido. Ano: 1930

A industrialização estruturou-se em torno de polos de desenvolvimento, os *grandes projetos*: os complexos metalúrgicos de Kuznetsk e de Magnitogorsk, as fábricas de tratores de Kharkov e Tcheliabinsk, as de automóveis de Moscou e de Nijni-Novgorod, a imensa usina hidroelétrica no rio Dnieper, a estrada de ferro entre o Turquestão e a Sibéria, o Turksib, o canal Volga-Mar Branco e o metrô de Moscou, uma espécie de vitrine do regime soviético com suas estações ricamente ornamentadas. Era preciso realizá-los a qualquer custo e no prazo mais curto possível. Em determinado momento, para além da variante *ótima* adotada, decidiu-se pela realização do Plano Quinquenal em quatro anos.

A União Soviética passou a caminhar sob o império dos avanços técnicos – a *técnica decide tudo* – e da aceleração dos ritmos – *os ritmos decidem tudo*. O alcance e a superação das metas – em cada ano, em cada mês – mobilizavam as pessoas e, segundo a propaganda do regime, as enchia de orgulho.

74 UNIÃO SOVIÉTICA

Enquanto as principais potências capitalistas patinavam na recessão ou na estagnação, fruto da Crise de 1929, a URSS despontava como um país próspero, onde o progresso material e social era uma realidade. Segundo os comunistas, era a demonstração prática da superioridade de uma economia planejada – socialista – em relação às economias caóticas do capitalismo liberal. Os resultados alcançados impressionavam os cidadãos soviéticos e os visitantes estrangeiros, até mesmo adversários do socialismo que se rendiam às performances da União Soviética. Ao longo do I Plano Quinquenal, entre 1928 e 1932, a produção de aço cresceu de 4,5 milhões para 5,9 milhões de toneladas. A produção de energia elétrica quase triplicou, de 5 milhões para 13,5 milhões de kW. A de carvão saltou de 35,5 milhões para 64,4 milhões de toneladas; a de petróleo mais que duplicou, de 11,6 milhões para 28,6 milhões de toneladas. O II Plano Quinquenal, realizado entre 1932 e 1937, manteve esses níveis altos de crescimento: a produção de aço quase triplicou, de 5,9 milhões para 17,7 milhões de toneladas. A de energia elétrica mais que triplicou, passando de 13,5 kW para 36,2 kW. Índices semelhantes foram alcançados pela produção de carvão e de petróleo. Já os resultados do III Plano Quinquenal, entre 1937 e 1940 (a invasão da URSS, em junho de 1941, modificou as coordenadas do planejamento econômico), evidenciaram uma certa tendência à estabilização, embora em patamares elevados. A produção de aço, por exemplo, cresceu de 17,7 milhões para 18,3 milhões de toneladas.

Os progressos industriais (cerca de 8 mil novas indústrias) não se exprimiram apenas num aumento *quantitativo* de fábricas. Surgiram novos setores, que representaram um salto *qualitativo*: química, eletrotécnica, aeronáutica, automóveis, construção de máquinas, adotando-se a tecnologia mais sofisticada no mundo, importada dos EUA e da Inglaterra contra pagamento à vista. Milhares de técnicos e engenheiros estadunidenses vieram para a União Soviética transmitir os métodos e os procedimentos exigidos para o adequado funcionamento das máquinas modernas.

O crescimento das cidades acompanhou o progresso econômico. Entre 1926 e 1939, a população total aumentou cerca de 15%, de 147 milhões para 170 milhões de habitantes. Mas a população urbana deu um salto de 112%, de 26 milhões para 56 milhões de habitantes. Em relação à população total, a proporção da população das cidades aumentou de 18% para 33%. Em algumas cidades a população duplicou, sem falar nas cidades que brotaram do nada, sediando os megaprojetos industriais, como Magnitogorsk.

A CONSTRUÇÃO DO SOCIALISMO SOVIÉTICO: 1921-1953   75

É verdade que as condições de vida e de trabalho deixavam a desejar, inclusive porque os progressos registrados pela indústria leve, que produzia bens de consumo, e pela construção civil ficaram bem abaixo da demanda crescente das populações das cidades. As estatísticas referentes às condições de habitação em 1936 são expressivas. Apenas 6% dos habitantes das cidades dispunham de mais de um cômodo; 40% viviam em apenas um cômodo; 24% em parte de um cômodo; 5% viviam em cozinhas e corredores; e 25% viviam e dormiam em dormitórios formados por barracas, tendas etc.

Nas celebrações do progresso material não constavam dois aspectos que seriam, mais tarde, considerados relevantes: a *degradação ecológica* e o elevado nível de *desperdício*. Os avanços tecnológicos e o crescimento industrial eram avaliados numa chave positiva, apesar dos eventuais impactos negativos em médio ou longo prazo nas condições naturais. Na ideologia do progresso, compartilhada pelos entusiastas do capitalismo e pelos pensadores do socialismo, a natureza era concebida como algo inerme, à disposição do ser humano, livre para saqueá-la. Não estava no horizonte o conceito de desenvolvimento sustentável. O Plano Quinquenal era regido pela obsessão do crescimento, a qualquer custo e fossem quais fossem as consequências.

Quanto aos desperdícios, eram inevitáveis na perspectiva da aceleração dos ritmos e na concepção dos grandes projetos aos quais tudo deveria se subordinar. A rigor, o salto para a frente registrado pela economia soviética foi mais fruto de uma economia de *comando, mobilizada*, em certos aspectos, *militarizada*, do que propriamente planejada. O planejamento rigoroso, capaz de articular todas as variáveis, em prol de um desenvolvimento harmonioso, era obrigado a ceder às exigências dos prazos, aos ritmos voluntaristas, às necessidades dos polos industriais prioritários.

O SOCIALISMO SOVIÉTICO

A coletivização forçada nos campos e a industrialização/urbanização nas cidades forjaram um modelo de socialismo, caracterizado pela *extrema mobilidade.*

Mobilidade espacial, dos campos para as cidades; e entre as cidades, para os novos canteiros de obras e para as novas cidades.

Mobilidade horizontal, evidenciada em altas taxas de *turnover (tekuchka*, em russo) entre pequenas e grandes indústrias, e entre áreas velhas e áreas novas. Em fins dos anos 1920, quase 60% dos trabalhadores estavam ocupados em pequenas indústrias. Dez anos depois, 76,5% encontravam-se em

76 UNIÃO SOVIÉTICA

empresas com mais de 500 operários, 1/3 trabalhou em empresas com mais de 10 mil operários.

Havia também um processo intenso de *mobilidade vertical*, permitindo que operários do chão da fábrica assumissem cargos de chefia, sem contar as dezenas de milhares que deixaram as fábricas para as Forças Armadas ou para a Administração. Cerca de 650 mil operários tornaram-se empregados ou funcionários nos anos 1930. Durante a realização dos primeiros planos, segundo o historiador M. Lewin, multiplicaram-se os *praktiki*, homens formados no batente. Muitos ampliavam seus conhecimentos nas faculdades operárias, as *rabfaks*, que funcionavam à noite. Eram *praktikis* 89% dos chefes imediatos, 60% dos técnicos, 41% dos engenheiros e 27% dos engenheiros-chefes das fábricas. Em meados dos anos 1930, constituíam cerca de 50% dos quadros dirigentes nas indústrias.

Mulheres e jovens ingressaram em larga escala no mercado de trabalho, subvertendo as tradições da família patriarcal. Em 1936, as mulheres constituíam 40% da força de trabalho e 82% dos novos assalariados. Os jovens também adquiriram protagonismo, sobretudo nos novos canteiros de obras. Recorde-se de que 45% da população soviética tinha menos de 20 anos. Ao ingressarem na Liga da Juventude Comunista, o Komsomol, e/ou partirem para a construção de variados empreendimentos em outras cidades, emancipavam-se, como as mulheres, da tutela patriarcal.

O desenvolvimento do sistema educacional constituiu-se também em fator de *mobilidade social*. Entre 1928 e 1941, os diplomados em cursos universitários saltaram de 233 mil para 908 mil. Entre os formandos do ensino médio, o salto foi ainda mais expressivo: de 288 mil para quase 1,5 milhão.

Outras diferenciações incluíam os chamados *trabalhadores de choque* (*udarniks*), que se destacavam pela dedicação ao trabalho e pela organização do trabalho voluntário, ganhando recompensas simbólicas e materiais. No processo de trabalho, estabeleceu-se o salário por peça, um procedimento que tende a acirrar a competição e a rivalidade entre os trabalhadores. Em 1933, 75% dos trabalhadores eram pagos de acordo com normas fixadas pelas chefias das indústrias. Tal orientação consolidou-se a partir de 1935, quando se tornou conhecido o mineiro A. Stakhanov, dando origem ao movimento dos *stakhanovistas*, trabalhadores premiados por quebrarem recordes de produção e estabelecerem novas – e altas – normas de trabalho. Em novembro de 1935, reuniu-se a primeira conferência dos stakhanovistas. O ano seguinte foi consagrado como "Ano Stakhanovista", contribuindo para a criação de uma camada específica, celebrada pela mídia, incensada pelo Estado, mas que, ao elevar as metas que todos deveriam – e não conseguiam –

cumprir, ensejava frustrações e ressentimentos (60% não conseguiam cumprir as metas). As performances dos stakhanovistas podiam ser interessantes para o Estado, mas não construíam laços de coesão e de solidariedade entre os operários, nem fortaleciam a sua capacidade de luta.

Ainda em relação às diferenciações entre os trabalhadores, é importante mencionar uma categoria específica, *a mão de obra compulsória*, composta pelos prisioneiros dos campos soviéticos, os *zeks*, sobretudo a partir de meados dos anos 1930, quando, sob a direção de L. Beria, racionalizou-se a Direção-Geral dos Campos (no acrônimo russo, *Gulag*), passando-se a conceber sistematicamente os presos como força de trabalho disponível para o Estado.

Desde os anos 1930/1940, começaram a aparecer denúncias a respeito do recurso ao trabalho compulsório na URSS, mas foram silenciadas ou subestimadas. Foi necessário esperar os anos 1970, com a publicação das obras de A. Soljenitsin (*Arquipélago Gulag*) e de V. Chalamov (*Contos de Kolimá*), para que se passasse a analisar o assunto com a relevância que merece. Depois da desagregação da URSS, pesquisas e estudos empreendidos pela organização *Memorial* conseguiram elucidar e estudar em detalhe esse verdadeiro universo, essencial para a compreensão da história do socialismo soviético.

V. Maiakovski, um dos maiores poetas russos do século XX. Revolucionário de primeira hora, desencantou-se com a Revolução e se suicidou em 1930. Autor da foto: Viktor Bulla. Ano: c. nov. 1927

78 UNIÃO SOVIÉTICA

Quem eram os prisioneiros, os *zeks*? Por que estavam presos? Qual foi exatamente sua contribuição à construção da sociedade soviética?

No jargão dos anos 1930, os *zeks* dividiam-se essencialmente em duas categorias: os *35* e os *58*. Os *58* eram os chamados *presos políticos*, enquadrados no artigo 58 do Código Penal. Em seus 14 parágrafos, configuravam-se crimes e respectivas penas relativos à traição, à espionagem, à sabotagem, ao terrorismo, à propaganda antissoviética etc. Já os chamados *presos comuns* eram acusados com base no artigo 35 do Código Penal, em que se previam penas a serem cumpridas pelos crimes de alcoolismo, absenteísmo, indisciplina no trabalho, negligência no trato de equipamentos estatais, pequenos e grandes furtos, homicídios por causas não configuradas como políticas etc.

A população do *Gulag* agrupava-se em três grandes grupos:

- os *campos de reeducação pelo trabalho* (Ispravitelno-Trudovoi Lager – ITL) recebiam os presos considerados mais perigosos, condenados a penas acima de cinco anos;
- as *colônias de reeducação pelo trabalho* (Ispravitel'no-Trudovaia Kolonia), onde eram reunidos os presos de menor periculosidade, com penas inferiores a cinco anos;
- as *zonas especiais*, onde ficavam os colonos do trabalho ou colonos especiais (*trudposelki* ou *spetzposelki*), com liberdade restrita de movimentos no interior de uma dada zona ou região. Estes últimos eram frequentemente recrutados para trabalhar em empresas do Estado ou obras de infraestrutura (canais, represas etc.). A contribuição econômica dos *zeks* foi inestimável, mas de difícil mensuração.

Em certas obras de infraestrutura, como na construção do canal Mar Branco-Mar Báltico (Bielomorkanal), de 223 km de extensão, inaugurado em 1933, os *zeks* constituíram a mão de obra principal. Em outras, como na construção de Magnitogorsk, cidade símbolo do crescimento industrial nos anos 1930, localizada ao sul da cordilheira dos Urais, também inaugurada em 1933, houve a participação conjunta do trabalho voluntário (jovens do Komsomol) e do trabalho compulsório (prisioneiros dos campos). Finalmente, numa categoria especial de empreendimentos, sobretudo desenvolvidos em áreas remotas ou inóspitas ou de clima extremamente hostil ou insalubre (extração de ouro ou de madeiras nobres), no Grande Norte, onde era inviável o recrutamento de mão de obra livre, a participação dos *zeks* seria essencial, uma condição *sine qua non* para a existência de qualquer tipo de atividade econômica em grande escala.

A título de exemplo, para uma apreciação das duras condições de trabalho com as quais os *zeks* tinham de lidar, uma inspeção realizada nos campos localizados nas regiões de Sverdlovsk, de Tomsk e de Krasnoiarsk, no Norte, dedicados à extração de madeiras nobres, recenseou 13 mil mortos no inverno de 1937-1938. Em janeiro de 1938, dos 91 mil detidos, 7 mil foram considerados à beira da morte (esperança de vida de algumas semanas); 23 mil, inválidos; 20 mil aproveitáveis exclusivamente para trabalhos leves e apenas 41 mil aptos ao trabalho regular. A condição lastimável dos *zeks* seria objeto de inúmeras correspondências oficiais, atestando de forma insuspeita a condição de matadouro em que se haviam transformado os campos soviéticos.

Balanço da inspeção desenvolvida nos campos Baikal-Amur, Extremo Oriente, Ussuriisk, Ukhta-Petchora pelos serviços da Procuradoria-Geral da URSS

As inspeções desenvolvidas [...] pela Procuradoria-Geral [...] estabeleceram [...] que as condições nos campos eram insatisfatórias, ou mesmo, em certos casos, totalmente intoleráveis [...]. Os prisioneiros vivem em barracões muito sujos [...] não têm alimentos e roupas. Em consequência, não têm estímulos para trabalhar [...] um grande número é a tal ponto infestado de piolhos que se tornou uma ameaça de infecção para os demais [...] Estes prisioneiros perderam todo aspecto humano. Reduzidos à fome, comem detritos, ratos e cães [...].

Na enfermaria, os presos são deitados sobre pranchas de madeira, imprensados como arenques numa lata. Durante semanas, não tomam banho na ausência de roupas ou lençóis. Homens e mulheres são misturados, sifilíticos com tuberculosos [...] não há mais nenhum sabão. Assim, os prisioneiros parecem selvagens, indivíduos da Idade da Pedra. É preciso saber que trens com prisioneiros em farrapos e sem calçados continuam chegando todos os dias [...] descalços, em temperaturas de -20° a -30°[...] os prisioneiros são permanentemente brutalizados e muitos deles enlouquecem [...] apenas 60% dos presos estão em barracões. Os demais vivem em tendas e isto em pleno inverno. Os presos só recebem 50% de roupas quentes e de calçados indispensáveis para trabalhar [...].

Procurador-Geral da URSS, Andrei Vichinsky

(Fonte: WERTH, N. *L'Ivrogne et la marchande de fleurs*. Paris: Tallandier, 2009, p. 233.)

80 UNIÃO SOVIÉTICA

Contrariando os discursos igualitaristas, sempre retomados pelas lideranças soviéticas, as desigualdades reproduziam-se, de forma ampliada, no conjunto da pirâmide social, beneficiando as camadas dirigentes, formadas por funcionários da máquina estatal e do Partido. Em 1939, Molotov, referindo-se a elas, estimou a cifra de 9,5 milhões de pessoas. Quadros do Partido e das Forças Armadas (1,5 milhão), chefes de empresas rurais e urbanas (1,7 milhão), engenheiros e técnicos qualificados (1 milhão) constituíam o núcleo de gestores destas novas elites sociais. Em 1934, no XVII Congresso do Partido Comunista, eles correspondiam a 21% dos delegados. No Congresso seguinte, em 1938, a 54% dos delegados. Neste último ano, 70% dos novos membros do Partido originavam-se dessa categoria, enquanto os operários ligados à produção alcançavam apenas 15% do total dos filiados. Nos altos cargos era comum a filiação partidária. Em fins dos anos 1930, 97% dos diretores de fábricas e 82% dos chefes de canteiros de obras vinculavam-se ao Partido. Quanto aos salários, podiam variar bastante, mas o que importava nas circunstâncias era mais o acesso a bens escassos: melhores habitações, direito a lojas especiais, transporte particular, possibilidade de ingresso em escolas e hospitais reservados etc. Importante assinalar que quase a metade dos que ocupavam posições de gestão era originária de famílias operárias ou, em menor escala, de famílias camponesas. Em muito pouco tempo, ocorrera um processo de *plebeização* do poder.

Nessa sociedade, marcada pela instabilidade e pelas mudanças vertiginosas e por evidentes desigualdades, como conferir sentido a essa aventura?

Os mitos unificadores

Como em qualquer sociedade, a unidade e a coesão das gentes são condições de lealdade e de eficácia. Ressalvada a existência de oposições, inevitáveis em sociedades complexas, é essencial que as grandes maiorias compartilhem aspirações, crenças, referências culturais, memórias do passado, percepções do presente e ideais de futuro.

Na União Soviética dos anos 1930, acionaram-se poderosas referências unificadoras. Entre elas, destacaram-se o *patriotismo*, a *construção de uma nova sociedade*, a celebração do *homem novo*, o *culto à personalidade do chefe* e o *terror político*.

O *patriotismo* ou o *nacionalismo* tinham, na Rússia, raízes no tempo longo. Assolados por invasões de distinta procedência, envolvidos em incessantes guerras de defesa ou de conquista, os russos cultivaram elevada autoestima e orgulho nacional. A religião cristã ortodoxa consagraria com o selo de Deus essa tradição, atribuindo ao cristianismo russo um caráter redentor, o único realmente sem máculas, destinado a redimir os extravios cometidos por Roma e Bizâncio. No processo das guerras civis, o governo revolucionário soube recuperar e se apropriar dessas tradições. Em certo momento, "salvar a pátria socialista" equivalia a salvar a Rússia de uma catástrofe histórica. Os comunistas apareciam como os únicos capazes de manter a unidade da Rússia, impedindo a sua fragmentação e a dependência de potências estrangeiras. Desde então, Moscou surgiu como "o farol da emancipação da humanidade" da opressão e da exploração do capitalismo. Essas aspirações, em pausa durante a NEP, seriam novamente acionadas nos anos 1930, quando, no contexto da revolução pelo alto e dos Planos Quinquenais, a União Soviética alcançava níveis de desenvolvimento inéditos na sua própria história e em contraste com o mundo capitalista envolvido nas consequências de uma crise que parecia interminável.

A *construção do socialismo*, a edificação de uma sociedade baseada na justiça e na igualdade materializava-se. Referindo-se à URSS, disse um visitante entusiasmado: "Eu vi o futuro e ele funciona". O futuro era o presente da URSS. Um exemplo para o mundo. Uma justificativa para todos os sacrifícios.

Nessa nova sociedade, ainda em construção, mas já existente, despontava a figura do *homem novo*. Imbuído de aspirações generosas e coletivas. Superando o egoísmo e o individualismo. Capaz de amar a humanidade como a si mesmo e de entregar a sua energia para a construção de algo além do horizonte imediato. Aspirações exaltantes, elas mobilizariam sobretudo os jovens e as mulheres, predispondo-os a lidar com todo o tipo de dificuldades, retomando a energia própria do messianismo religioso em chave profana.

Os homens novos tinham um *Chefe,* feito de aço (*stal'*), considerado um "guia magnífico", "o corifeu das ciências", "o maquinista da locomotiva da história". Desde que fizera 50 anos, em 1928, celebrado e incensado como infalível. Como acontece como todos os líderes carismáticos, os russos, seus criadores, criaram Stalin projetando nele todas as virtudes aneladas como ideais, e ele os lideraria na construção do mundo igualitário e justo que todos desejavam que existisse na Terra.

"O trem vai da estação do socialismo para a estação do comunismo. O experiente maquinista da locomotiva da revolução, camarada Stalin." O pôster celebra os avanços do socialismo soviético, liderados por Stalin. O estandarte estampa as figuras de Marx, Engels, Lenin e Stalin. Os gráficos assinalam a trajetória da Revolução, desde a fundação do jornal *Iskra* (Centelha), passando pelo socialismo até chegar ao comunismo. O trem e a locomotiva, associados à modernidade, comprovam os êxitos da União Soviética. Autor: P. Sokolov-Skalya. Ano: 1939

"Graças ao Partido, graças ao querido Stalin, por uma feliz e alegre infância"; "Nosso Exército e nossa Pátria estão fortes com o espírito de Stalin." Os dois pôsteres, publicados em 1937 e 1939, glorificam Stalin na paz, com as crianças, e na guerra, com os tanques e as Forças Armadas. Autor do primeiro pôster: D. Grinets. Ano: 1937. Autores do segundo pôster: V. Deni e N. Dolgorukov. Ano: 1939

A CONSTRUÇÃO DO SOCIALISMO SOVIÉTICO: 1921-1953 **83**

Coroando esses vetores mobilizadores, o exercício do *Terror vermelho*. Concebido e desfechado no contexto das guerras civis, a partir de agosto de 1918, contra os inimigos do socialismo e da Rússia, o Terror seria retomado a partir do início da revolução pelo alto. Eficiente como fator de inibição e de constrangimento, o Terror transformou-se num impulso inigualável de mobilização das gentes, desdobrando-se em assembleias por todo o país, respondendo às diretrizes do Partido, que fixava para cada lugar uma determinada quota de *inimigos do povo*. As pessoas se congregavam nas *operações de limpeza* (*tchistit*), acusando e apontando à execração pública os considerados responsáveis pelas falhas e pelas carências que atormentavam a sociedade. Os *Processos de Moscou*, julgamentos públicos (os maiores com direito até a presença de jornalistas e intelectuais europeus), realizados entre 1936 e 1938, condenaram à morte algumas das principais lideranças bolcheviques, como Kamenev, Zinoviev, Bukharin, Rykov, Radek (Trotski seria assassinado no México, em 1940). Um *processo militar*, em segredo, em maio/junho de 1937, condenou a nata dos oficiais generais do Exército Vermelho.

Tais processos, entretanto, foram apenas a ponta visível de um *iceberg* que ceifou a vida de milhares e milhares de pessoas, militantes da base do Partido, direções intermediárias e gente comum, delatados como sabotadores, agentes camuflados dos serviços secretos de potências estrangeiras, denunciados como responsáveis pelos erros e pelos fracassos dos Planos Quinquenais (art. 58) ou simplesmente apanhados na prática de atividades consideradas ilegais (art. 35).

Dos processos, das investigações e das condenações, ninguém estava a salvo. Dos 1.966 delegados ao XVII Congresso do Partido Comunista, em 1934, 1.108 seriam expurgados nas operações de limpeza. Dos 139 membros do Comitê Central eleito em 1934, 98 desapareceram.

Depois da morte de J. Stalin, um relatório preparado para informação do Comitê Central do Partido Comunista estabeleceu para o período 1921-1953 o número de pessoas presas, condenadas e executadas pelos diferentes serviços da polícia política. Foram mais de 4 milhões de pessoas condenadas, das quais 799.455 mil executadas. O auge do Terror teria acontecido em 1937-1938, quando ocorreram 85% das condenações à morte (681.682) num contexto de 1.565.041 prisões e 1.391.215 condenações.

Até hoje subsistem controvérsias a respeito de uma lógica que atribuísse coerência a esse moinho de triturar vidas. Em entrevistas concedidas muito mais tarde, Molotov e Kaganovitch justificariam o Terror como necessário para *limpar* as fileiras e a retaguarda quando das guerras contra os inimigos externos que haveriam de vir inevitavelmente. Era preciso eliminar não apenas

84 UNIÃO SOVIÉTICA

os traidores, mas também os potenciais trânsfugas, prontos a abandonar o barco tão logo despontassem sérias ameaças ou os que, aproveitando momentos de indecisão ou fraqueza, tentassem subverter a ordem e destruir o socialismo.

Objetivamente, o Terror propiciou a ascensão de uma nova geração de lideranças, radicalizando a *plebeização* do poder em curso desde fins dos anos 1920. Os homens de Stalin. A geração Stalin. Fiéis incondicionais do Chefe. Dirigida por eles, a União Soviética enfrentaria o maior desafio de sua história: a guerra contra o nazismo.

A GRANDE GUERRA PATRIÓTICA: 1941-1945

Os exércitos nazistas invadiram a União Soviética na madrugada do dia 22 de junho de 1941. Desfechava-se a operação Barbarossa. Seus objetivos compreendiam a ocupação da maior parte da Rússia europeia, incluindo as principais cidades, entre as quais Moscou e Leningrado (antiga Petrogrado), e da Ucrânia (celeiro da União Soviética e rica em jazidas de carvão e de minério de ferro). Seria uma *Blitzkrieg* (guerra-relâmpago), como os nazistas tinham feito na Polônia, em 1939, na Dinamarca, Noruega e França, em 1940, só que agora numa escala gigantesca.

Em sua *primeira fase*, de junho de 1941 a dezembro de 1941, a guerra registrou grandes vitórias dos nazistas. Eles conseguiram tomar parte substancial do ocidente do país, cercaram Leningrado e ocuparam a maior parte da Ucrânia. No auge da euforia, o ministro da Informação nazista, J. Goebbels, chegou a dizer que a guerra estava prestes a terminar. Enganou-se. Os russos resistiram nas cercanias de Moscou, impediram sua queda e chegaram a desfechar pequenas contraofensivas, inviabilizando o cerco de sua capital. Além disso, conseguiram, no inverno de 1941/1942, estabelecer precárias ligações com Leningrado, que, mesmo sob cerco, não capitulou.

A *segunda fase* da guerra teve início na primavera de 1942 e se estendeu a fevereiro de 1943. O objetivo central dos alemães agora seria alcançar o rio Volga, ultrapassá-lo, atingir o Cáucaso e os ricos campos de petróleo de Baku, um *nervo* essencial dos exércitos soviéticos. A principal cidade desta ofensiva era Stalingrado, com toda uma carga simbólica por ostentar o nome do líder soviético.

A disputa pela cidade ensejou a maior batalha da Segunda Guerra Mundial, engajando um pouco mais de dois milhões de homens, cerca de um milhão de cada lado. Partes da cidade chegaram a ser controladas pelos nazistas, sucedendo-se violentas batalhas de rua, mas os nazistas acabaram derrotados e cercados, perdendo cerca de 100 mil prisioneiros e numerosos equipamentos militares.

A CONSTRUÇÃO DO SOCIALISMO SOVIÉTICO: 1921-1953 **85**

Foi o começo do fim da máquina de guerra nazista.

A partir da primavera de 1943, a guerra entrou numa *terceira fase*. Os nazistas não tiveram condições de desencadear uma nova ofensiva. Ao contrário, os soviéticos é que tomaram a iniciativa estratégica, confirmada no verão de 1943, pela maior batalha de tanques da guerra, nas proximidades de Kursk, entre 5 e 12 de julho. A partir então, os russos desencadearam em amplas frentes ataques continuados, no contexto do chamado *rolo compressor*. No início de 1944, todos os territórios da URSS já estavam libertados. Em agosto, os exércitos soviéticos penetraram na Prússia oriental. Chegaram a Berlim em abril de 1945 e, no mês seguinte, em 9 de maio, na capital alemã, teve lugar a rendição incondicional dos nazistas.

A URSS venceu a Guerra, mas emergiu dela numa situação paradoxal: *militarmente*, tornou-se uma *superpotência*, condição mantida nas décadas seguintes, ao longo da Guerra Fria e do equilíbrio do terror atômico, polarizando com os Estados Unidos os conflitos que ocorriam no mundo até a sua imprevista e surpreendente desagregação, em 1991. Entretanto, do ponto de vista *econômico* e *social*, o país estava em ruínas, parcialmente destruído pela guerra, com colossais perdas humanas e materiais.

Foram 20 milhões de mortos entre militares e civis. Como estimar o número de feridos, de mutilados, de traumatizados física e psicologicamente? Quantas vidas partidas, famílias fragmentadas? Para se ter uma escala de comparação, Estados Unidos, Inglaterra e França, juntos, perderam cerca de 1,3 milhão de pessoas.

As perdas materiais também ultrapassaram, de longe, as dos demais beligerantes. Após o conflito, os soviéticos classificaram como destruídas 1.710 cidades e 70 mil aldeias, cerca de metade do espaço urbano do país; 1,2 milhão de habitações urbanas e 3,5 milhões de habitações rurais foram danificadas ou destruídas. As perdas na produção industrial foram amenizadas pelas atividades nas zonas não ocupadas pelos nazistas que, inclusive, registraram avanços, embora quase totalmente devotados ao esforço de guerra. Mesmo assim, considerados os setores estratégicos (carvão, eletricidade, petróleo, aço, ferro, cimento), houve diminuição da produção entre -10% (carvão) a -70% (cimento). A infraestrutura ferroviária foi particularmente atingida, com perdas totais ou avarias substanciais em 65 mil quilômetros de trilhos, 15.800 locomotivas e 428 mil vagões. Nos territórios ocupados pelos nazistas, cerca de metade das pontes tinham sido destruídas. As perdas registradas nos estoques de gado eram também significativas: bovinos (-20%); equinos (-66%), suínos (-85%). Na Ucrânia, depois de libertada, apenas 1,2% de sua

86 UNIÃO SOVIÉTICA

capacidade industrial estava em condições operacionais. Na agricultura, a área semeada reduzira-se em 23% entre 1940 e 1945. Mais grave, a produtividade por hectare plantado caíra em cerca de 35%. Como resultado, as colheitas apresentavam queda de 50% em relação ao período anterior à guerra.

Considerando essas estatísticas, é muito óbvia a conclusão de que, entre os Aliados, foi a URSS o país que mais suportou a capacidade destrutiva da máquina de guerra nazista. E de que foram os soviéticos, em particular os russos, os grandes e decisivos atores na derrocada imposta ao nazismo.

Algumas controvérsias marcaram, porém, a historiografia sobre a participação da URSS na guerra.

A primeira delas: como explicar e interpretar as primeiras derrotas dos exércitos soviéticos frente aos nazistas na primeira fase da guerra? As pesquisas, sobretudo a partir da abertura dos arquivos soviéticos nos anos 1990, evidenciaram que J. Stalin e a alta direção do Partido Comunista e do Estado confiaram acriticamente nos tratados feitos com os nazistas em agosto de 1939. Complementados por entendimentos, secretos na época, os acordos previam uma espécie de divisão da Europa Central entre nazistas e soviéticos. A estes últimos caberiam as áreas antes pertencentes ao Império czarista: a parte oriental da Polônia, os países bálticos e a Finlândia. Os demais países ficariam sob hegemonia nazista. Até a invasão de junho de 1941, os tratados foram cumpridos à risca. A Alemanha e a URSS dividiram entre si a Polônia, em setembro de 1939. Um pouco mais tarde, Berlim veria de braços cruzados a URSS invadir e tomar o controle dos países bálticos e de parte da Finlândia. A direção soviética, subestimando informações dos EUA e da Inglaterra, e de suas próprias redes de espionagem, não considerou a hipótese da uma iminente invasão nazista. Acreditou no fiel cumprimento dos acordos que eram, afinal, a culminância de um complexo jogo político-diplomático envolvendo um triângulo de potências: URSS, Alemanha nazista e Inglaterra/França. A URSS, num primeiro momento, procurou articular com a França e a Inglaterra uma aliança contra os nazistas. A Guerra Civil Espanhola, entre 1936 e 1939, foi um teste decisivo para avaliar as possibilidades dessa orientação. Enquanto os nazifascistas e a URSS intervinham abertamente na Espanha, com tropas e equipamentos militares, os primeiros em apoio à insurgência antirrepublicana, os segundos, em defesa da República, os anglo-franceses permaneceram neutros, assistindo à vitória das direitas espanholas sob liderança de F. Franco, apoiado na Itália fascista e na Alemanha nazista. Num momento seguinte, sem consultar a URSS, a Inglaterra e a França, na capitulação de Munique, em 1938, anuíram à invasão da Tchecoslováquia pelos nazistas, embora tivessem com este país tratados que previam apoio mútuo em caso de agressões por um país terceiro. O argumento – falacioso – foi que os alemães queriam apenas defender a minoria alemã nos Sudetos. Ficou evidente para os soviéticos que os anglo-franceses estavam empurrando os nazistas contra eles, projeto, aliás, abertamente defendido por setores expressivos das sociedades francesa e inglesa.

Percebendo que a orientação de Hitler era priorizar a guerra contra os anglo-franceses, os dirigentes soviéticos abriram conversações com os nazistas, que culminaram na assinatura do Pacto Germano-Soviético. Na direção soviética, não havia dúvida sobre o antagonismo visceral entre nazistas e soviéticos. Entretanto, imaginavam que, mesmo depois da surpreendente derrota francesa, a guerra com a Inglaterra demandaria tempo e recursos aos nazistas. Enquanto isso, os soviéticos teriam margens para organizar suas defesas. Os tratados secretos, já mencionados, prevendo a divisão da Europa Central em áreas de influência, confortaram ainda mais essa posição. Assim, se poderia explicar o fato de que os soviéticos não consideraram as informações no sentido de que, ao contrário de suas expectativas, a máquina de guerra nazista estava sendo mobilizada para atacar a URSS. Da mesma forma, isso também explicaria a atonia de J. Stalin quando soube da invasão. Só uma semana depois, pressionado pelos outros dirigentes soviéticos, é que ele reuniu forças para assumir a chefia geral do esforço de guerra e se dirigir aos soviéticos, concitando-os à luta.

Outro fator que muito enfraqueceu a capacidade defensiva soviética foi o processo contra os chefes militares russos em maio e junho de 1937. Intoxicada por falsas pistas forjadas pelos serviços de inteligência alemã, a direção soviética, sob liderança de J. Stalin, organizou julgamentos que dizimaram a alta oficialidade do exército, acusada de traição e espionagem a serviço dos nazistas. Foram condenados à morte o marechal M. Tukhatchevski e mais sete generais. Nos dois anos seguintes, segundo o historiador A. Nekrich, a *limpeza* alcançou 3 dos 5 marechais, 13 entre 15 comandantes de exércitos, 11 vice-comissários de Defesa, 75 dos 80 membros do Conselho Militar Supremo, 57 entre 85 chefes de corpos de exército, 110 em 195 comandantes de divisão, 35 mil dos 80 mil oficiais. Como resultado, quando da invasão nazista, apenas 7% dos oficiais tinham diplomas de estudos militares superiores, 37% ainda não haviam terminado seus estudos, 75% dos oficiais e 70% dos comissários políticos exerciam funções há apenas um ano.

Além disso, as populações mais ocidentais, recém-incorporadas à União Soviética – e o mesmo aconteceu com o ocidente da Ucrânia, região das mais afetadas pela coletivização forçada –, demonstraram pouca (ou nenhuma) disposição combativa em face dos tanques e da infantaria nazistas que puderam, assim, chegar às portas de Moscou em cerca de quatro meses apenas.

88 UNIÃO SOVIÉTICA

A União Soviética, porém, à custa de tremendos sacrifícios, acabou derrotando os nazistas. A propósito da vitória, surgiriam outras controvérsias.

Na História oficial soviética, glorificou-se a chefia de J. Stalin e enalteceu-se a superioridade do socialismo e do Partido Comunista, confirmada na conquista de Berlim. Um pouco mais tarde, como veremos, já no quadro da *desestalinização*, N. Kruschev, mantendo embora a avaliação positiva sobre o sistema socialista e sobre o Partido Comunista, iria desvalorizar inteiramente a liderança atribuída a J. Stalin. A URSS teria sido vitoriosa *apesar* de Stalin e não por causa dele.

Outras versões, formuladas nos EUA, relativizariam o papel da URSS, enfatizando a importância decisiva da segunda frente, aberta afinal em junho de 1944, com o desembarque anglo-americano na Normandia, e, sobretudo, insistiriam no caráter essencial dos fornecimentos de armas, munições e matérias-primas estratégicas ao esforço de guerra soviético no quadro da Lend-Lease Act, lei sancionada por F. D. Roosevelt em dezembro de 1941, que previa empréstimos e arrendamento de armas e equipamentos militares aos países em guerra contra o nazifascismo.

Quanto à chefia de J. Stalin, exageros de parte a parte devem ser evitados. Nem foi ele o grande estrategista que orientava seus generais como se fora um gênio militar, como quis a História oficial logo depois da guerra, nem seu papel foi nulo, como quis fazer crer N. Kruschev. Depois de vencida a atonia da primeira semana da guerra, J. Stalin recobrou-se e exerceu a direção-geral político-militar do conflito. Sempre ouvia seus generais, retificando, às vezes, as próprias orientações graças a conselhos e sugestões recebidos, mas não seria razoável negar seu papel de reconhecida liderança.

Os fornecimentos de armas e equipamentos pelos EUA tiveram peso inegável, assim como o desembarque na Normandia, abrindo, afinal, a segunda frente prometida desde 1941, mas seria puro negacionismo recusar à URSS papel principal e determinante na derrota do nazismo.

As razões da vitória soviética devem ser buscadas na disposição das populações soviéticas, no povo russo em especial, que reuniram forças para resistir e lutar com coragem e abnegação. E o fizeram não para defender o socialismo ou o Partido Comunista, mas para garantir a própria sobrevivência, pois todos compreenderam muito rapidamente, mesmo os que tinham críticas aos comunistas, que era a sua sobrevivência que estava em jogo, que sob o jugo nazista, aos que se mantivessem vivos, só restaria a condição de escravos. O Partido Comunista e a direção política, em geral, e Stalin, em particular, foram sensíveis, aliás, a essas condições: ampliaram os critérios de recrutamento ao Partido, moderaram a ação policial repressiva, sobretudo até a vitória de Stalingrado, definiram políticas de

A CONSTRUÇÃO DO SOCIALISMO SOVIÉTICO: 1921-1953   89

abertura para os camponeses, recorreram aos padres ortodoxos para abençoar as tropas que partiam para o combate, substituíram a *Internacional* como hino por um outro, de sonoridade e letra russas, restabeleceram distintivos e galões nas Forças Armadas, renunciaram a nomenclaturas revolucionárias (os comissários do povo voltaram a ser chamados de ministros de Estado), enfim, definiram, acertadamente, a luta como uma *luta nacional*. E, não gratuitamente, na História da URSS, a Segunda Guerra Mundial desde sempre foi apresentada como a *Grande Guerra Patriótica*. Uma orientação já concebida no quadro das guerras civis, reafirmada agora no conflito contra os nazistas. Guerra de sobrevivência nacional, esse foi o elo decisivo de coesão na arregimentação de forças e de consciências na luta de vida ou morte travada com o nazismo.

Nessa perspectiva, cumpre enfatizar, porém, o papel desempenhado pela experiência acumulada de *planejamento centralizado* ao longo dos anos 1930 pela *economia de comando*. No vértice, o Comitê de Defesa do Estado, criado logo depois da invasão, sobrepôs-se a todas as outras instituições, inclusive ao próprio Partido, dirigindo o esforço de guerra. Graças à economia de comando, *mobilizada*, tornou-se possível empreender, no início da guerra, a retirada de milhares de indústrias e milhões de operários para a retaguarda, a salvo dos nazistas. Graças a ela, foram elaborados dispositivos de medição e controle que permitiram viabilizar o esforço de guerra, sem falar na construção dos centros industriais localizados a leste, como Magnitogorsk, essenciais para a produção de armas e munições, protegidos da destruição sistemática efetuada pelos nazistas.

Seria possível, assim, ordenar os fatores que levaram à vitória, sem as celebrações acríticas das *Histórias oficiais* ou omissões e negações das evidências, motivadas por interesses políticos ou orientações ideológicas.

O povo russo lutou pela sua sobrevivência nacional. Demonstrando coragem indomável, conquistou seu direito a existir. Garantindo sua existência, possibilitou, ao mesmo tempo, que os povos do mundo pudessem viver livres da tirania nazista. E contou para isso com instituições adequadas e liderança à altura, beneficiando-se, em não pequena medida, da ajuda de seus aliados, em particular dos EUA.

E assim se construiu a maior saga da história da Segunda Guerra Mundial.

OS ÚLTIMOS ANOS DE J. STALIN: 1945-1953

Assinada a Paz, em todo o mundo, e também na União Soviética, houve uma atmosfera de alívio e esperança. Entretanto, as direções políticas dos EUA e da URSS, as duas superpotências geradas pela Guerra, já se preparavam para novos

90 UNIÃO SOVIÉTICA

enfrentamentos. Em fevereiro de 1945, em Yalta, foi a última vez em que os Aliados conseguiram formular bases comuns de entendimento. Nos meses seguintes, porém, desdobraram-se escaramuças, expressão de interesses contrariados. Já em Potsdam, em julho de 1945, eram evidentes as tensões, anunciando novos conflitos. O lançamento das bombas atômicas em Hiroshima e Nagasaki, sem que os aliados soviéticos tivessem sido consultados, consolidou as desconfianças. Em março de 1946, menos de um ano depois da rendição nazista, W. Churchill denunciou o surgimento de uma "cortina de ferro", estendida pela URSS, separando a Europa em duas partes inconciliáveis. No ano seguinte, a *doutrina Truman* faria da *contenção* dos soviéticos a chave principal da política externa dos EUA. No momento seguinte, o Plano Marshall, de reconstrução da Europa, iria excluir de sua abrangência a União Soviética e a Europa ocupada pelos exércitos soviéticos. Na sequência, outros acontecimentos e ações radicalizariam o processo: a primeira grande crise foi deflagrada em torno de Berlim, capital da Alemanha, em 1948-1949. As raízes do conflito localizavam-se nas divergências entre os EUA e a URSS quanto ao futuro da Alemanha. Berlim, compartilhada por acordo entre norte-americanos e soviéticos, estava encravada no oriente da Alemanha, controlado pelos soviéticos. Entretanto, a parte da cidade dominada pelos EUA dependia em tudo e por tudo de provisões encaminhadas por estradas de rodagem e de ferro. Para pressionar os EUA, o governo soviético bloqueou o trânsito terrestre, ameaçando a sobrevivência da chamada Berlim Ocidental. Os EUA organizaram, então, inédita ponte aérea para contornar os controles soviéticos. Os soviéticos abateriam os aviões norte-americanos? Se fosse esse o caso, começaria uma nova guerra? As tensões se prolongariam por um pouco menos de 11 meses, quase levando a um conflito direto entre URSS e EUA.

No ano seguinte, novos fatores de tensão: a constituição das duas Alemanhas, consagrando divisões antes impensadas, e a formação da Organização do Tratado do Atlântico Norte, a Otan, acompanhada de outros tratados e acordos visando ao isolamento internacional dos soviéticos. Na URSS, a paridade nuclear, com a explosão da primeira bomba atômica, equilibrou o jogo. No Extremo Oriente, na China, a vitória do Exército Popular de Libertação (EPL) sob direção dos comunistas e de outras guerrilhas no continente asiático (Filipinas, Malásia, Vietnã e Laos) mostrava a força de atração de movimentos que questionavam a hegemonia norte-americana, procurando o apoio e a aliança com a URSS. A Guerra da Coreia, entre 1950-1953, quando teve início, foi vista por muitos como o início de uma Terceira Guerra Mundial.

Alguns anos mais tarde, um presidente norte-americano, D. Eisenhower, mencionaria a existência de um *complexo industrial-militar*, devorador de

A CONSTRUÇÃO DO SOCIALISMO SOVIÉTICO: 1921-1953 **91**

verbas, condicionando o surgimento de novos conflitos armados e ameaçando as liberdades democráticas nos próprios EUA. Na URSS, também se constituíra, com semelhantes interesses e dinâmicas, como se fosse um Estado dentro do Estado, um complexo industrial-militar com a mesma vocação: a produção para a guerra e o apetite insaciável por recursos humanos e materiais. A posse da arma atômica por ambos os lados contribuiu, sem dúvida, para evitar uma conflagração geral, mas chamar o processo de "guerra fria" é esquecer que ele se tornou *quente* em inúmeros lugares do mundo, suscitando perdas humanas e destruições materiais incalculáveis.

Na URSS, as contradições de uma radical bipolarização condicionaram a retomada da economia de *comando,* mobilizada. As exigências objetivas de um custoso processo de reconstrução já apontavam nesse sentido. Somadas às condições impostas pela Guerra Fria, parecia não restar alternativa à URSS.

A máquina de vigilância e de repressão política, apesar de alguma flexibilização e atenuação durante a Segunda Guerra Mundial, permaneceu de pé, sempre se aperfeiçoando ao longo do tempo. Se, em relação aos russos, cultivou-se alguma tolerância, diversas nacionalidades não russas experimentaram a mão pesada da polícia política desde 1943-1944. No Cáucaso, acusados de colaboração com o nazismo, foram coletivamente deportados os karatchais, os kalmuks, os tchetchenos, os inguches, os balkars, os meskhets. Na Crimeia, os tártaros, os gregos, os búlgaros, os armênios tiveram igual destino. Assim, mais de 1 milhão de pessoas, de diversas pequenas nações, foram tangidas ao exílio em terras distantes da Ásia Central. Antes do início da invasão nazista, procedimentos semelhantes tinham sido adotados na parte da Polônia sob domínio soviético e nos países bálticos, alcançando dezenas de milhares de pessoas. Mais tarde, os alemães do Volga também foram deportados (cerca de 1 milhão de pessoas). Depois da Guerra, esses povos e mais os ucranianos ocidentais mereceriam atenção especial da polícia política, considerados suspeitos de cumplicidade com a invasão e a dominação nazistas.

Em meio à euforia das comemorações pelo fim da guerra, uma categoria de pessoas mal pôde participar dos festejos: os russos prisioneiros dos alemães. Eram cerca de 4,1 milhões, entre os quais 2,6 milhões de civis. Todos eles, considerados suspeitos, no retorno à pátria e a suas casas, tiveram que passar por uma organização estatal especial, a chamada *Fil'tratsia,* a Filtragem. Apenas 58% receberam autorização para retornar a suas casas, mas, mesmo assim, sob vigilância de vizinhos e companheiros de trabalho. Os demais, considerados carentes de um processo de *reeducação,* foram encaminhados às Forças Armadas ou aos batalhões de trabalho, organizados pelo Ministério da Defesa. Em contato com

92 UNIÃO SOVIÉTICA

o inimigo, suspeitava-se de que poderiam ter sido infectados pelos valores do capitalismo ou do próprio nazismo. Assim, cerca de 300 mil ex-oficiais seriam confinados em campos de trabalho ou em zonas especiais.

Toda essa gente teve o destino do exílio para os campos do Cazaquistão, da Sibéria ocidental, do Grande Norte, do extremo oriente, que estavam sob a Administração Principal dos Campos, o *Gulag*.

O Terror político com suas operações de *limpeza*, embora não atingisse as proporções dos anos 1930, voltou a devastar o Partido. No alto, o dirigente mais conhecido a cair foi N. A. Voznesensky, ministro do Plano e um dos principais organizadores do esforço de guerra soviético. Foi julgado em segredo e condenado à morte, junto a outros dirigentes, como A. Kuznetsovo. Com eles, mais de duas centenas de militantes na área de Leningrado foram apanhados nas redes da repressão. Na Ucrânia, a *limpeza* atingiu 38% dos secretários distritais e 64% dos presidentes dos sovietes locais. Na Bielo-Rússia, 90% dos secretários locais e 96% dos responsáveis administrativos. No Cazaquistão, 67% dos dirigentes do Estado e do Partido. Na Geórgia, centenas de militantes. No conjunto da URSS, mais de 30% dos dirigentes locais.

O comitê judaico antifascista, criado durante a Guerra e que teve importante papel na divulgação dos crimes nazistas contra os judeus, também virou alvo dos aparelhos de segurança. Em 1948, seus dirigentes foram acusados de "sionistas e cosmopolitas". Onze altos dirigentes do comitê, incluindo-se um veterano bolchevique e membro do Comitê Central, S. A. Lozovsky, foram condenados e executados em julgamento sumário.

As denúncias contra o sionismo e o cosmopolitismo, jargões que atingiam dirigentes acusados de conciliação com os EUA e/ou seus aliados, alcançariam os partidos comunistas da Europa Central, dando lugar a processos espetaculares, fazendo vítimas entre altos dirigentes na Tchescolováquia (R. Slansky e V. Clementis), na Hungria (L. Rajk), na Polônia (W. Gomulka) e na Bulgária (I. Kostov).

Entretanto, o mundo controlado pelos comunistas emitia dissonâncias. A dissidência liderada por J. B. Tito, na Iugoslávia, afirmara-se contra as expectativas de que ele seria rapidamente deposto pelas pressões soviéticas. Do outro lado do mundo, os comunistas asiáticos, chineses, vietnamitas e coreanos evidenciavam perspectivas autônomas, não aceitando ser meros peões da URSS.

Talvez por isso mesmo foi preciso afirmar o monolitismo do socialismo soviético. Na dimensão da cultura, enrijeceram-se os cânones do *realismo socialista* e a determinação de que os artistas deveriam, em seus campos respectivos, cultivar os *valores positivos*: o trabalho, a abnegação, a honestidade, o patriotismo, a família. Grandes escritores, poetas e artistas sofreram por não se enquadrarem nesses parâmetros, como, entre outros, Anna A. Gorenko, conhecida mundialmente como Anna Akhmatova (poetisa), e B. L. Pasternak (escritor). Nas artes plásticas, recomendava-se o *realismo fotográfico* e o *retratismo*. Nem a música escapou: S. Prokofiev e D. Shostakovich chegaram a ser acusados de desvios ideológicos. Quanto ao jazz, era repudiado como um estilo decadente, próprio do capitalismo.

Como em outros tempos, as operações de limpeza e os processos públicos apontavam *bodes expiatórios* à execração pública, como responsáveis pelas carências e pelas dificuldades de todo o tipo, e mobilizavam ativamente as gentes em torno das tarefas de reconstrução e de defesa.

Na economia, não houve surpresas quando se anunciaram as linhas gerais e as prioridades do IV Plano Quinquenal: energia elétrica, extração mineral (carvão e ferro), infraestrutura de transportes e comunicação, aço, metalurgia pesada. 87,9% dos investimentos iriam para estes setores, contra apenas 12,1% devotados aos bens de consumo, incluindo-se aí a construção civil e a produção de alimentos.

Em setembro de 1946, um decreto determinou a volta à gestão dos *kolkhozes* de 14 milhões de hectares deixados durante a Segunda Guerra Mundial ao controle dos camponeses. A reforma monetária no ano seguinte, criando um rublo novo equivalente a dez antigos, combinada com uma política de preços desvantajosa aos interesses dos camponeses, evidenciava o retorno à política *industrialista* dos anos 1930. A remuneração do trabalho dos camponeses mal dava para a sobrevivência. Em 1952, o Estado radicalizou a política de concentração de terras. Em nome da socialização da produção, o número de *kolkhozes* passou de 252 mil para 75 mil unidades. Ao mesmo tempo, reorganizou-se o trabalho, com a predominância da *brigada*, constituída por cem trabalhadores, em detrimento de equipes menores, com seis a dez pessoas. Esboçou-se então a ideia de formação de agrocidades, com o argumento de que a concentração das terras e das pessoas facilitaria a organização dos serviços. Simultaneamente, delineou-se um Plano de Transformação da Natureza a ser desdobrado ao longo de 20 anos com a construção de canais, desvio de rios e uma ambiciosa política de reflorestamento.

Os resultados do IV Plano reiteraram a dinâmica da economia mobilizada. Os setores considerados estratégicos, carvão, petróleo, eletricidade, aço, registraram novos recordes, atingindo altos patamares, inéditos. Os gastos militares registraram aumento de quase 45%. Em 1955, havia 5.763 milhões de homens uniformizados.

Em contraste, a produção destinada ao consumo das gentes permanecia incapaz de atender às demandas. E a agricultura, como sempre, voltava a se apresentar como ponto fraco. Em 1948, as colheitas alcançaram apenas 60% das estimativas. No ano seguinte, um pouco menos. Entre 1950 e 1952, houve ligeiras melhoras. Mas em 1953, os resultados chegaram a apenas 70% das estimativas. A pecuária apresentava igualmente um quadro desalentador: para uma base 100, referente a 1914, em 1953, o rebanho de bovinos atingia 103, o de suínos, 104, o de ovinos, 105. Enquanto isso, ocupando apenas 4% das terras cultivadas, e sem estímulos de qualquer natureza, os pequenos camponeses, em seus *lenços de terra*, produziam 50% de legumes e batatas, além de prover o sustento básico da mão de obra rural. As autoridades culpavam o clima, a desorganização, o absenteísmo, a má vontade, a sabotagem. Não queriam reconhecer que a agricultura coletivizada, como sistema, simplesmente não funcionava, salvo para garantir as entregas compulsórias ao Estado.

O v Plano Quinquenal teve início em 1951, mas suas diretrizes gerais só foram formalmente aprovadas pelo XIX Congresso do Partido Comunista em outubro de 1952. Seriam mantidos as prioridades e os métodos dos planos anteriores, justificados agora pelas exigências da Guerra Fria. Não tendo se reunido uma única vez durante a Guerra Patriótica, o Partido Comunista tornara-se uma instituição que apenas confirmava políticas já aprovadas por comissões *ad hoc* ou pelo Bureau Político. Mas era evidente seu caráter de massas: cerca de 7 milhões de filiados. O Partido, contudo, envelhecera. Em 1939, apenas 18,5% tinham mais de 40 anos. Em 1952, 76,6% encontravam-se nesta faixa etária (15,5% com mais de 50 anos).

A direção-geral enfeixava-se nas mãos de J. Stalin, mas a análise da correspondência entre ele e os demais altos dirigentes políticos evidencia, segundo a historiadora S. Fitzpatrick, não a existência de um déspota, mas de um *primus inter pares*, ou uma espécie de *coach*, sempre disposto a protelar decisões ou mesmo a recuar quando não obtinha a aprovação requerida. Entretanto, depois da Guerra Patriótica, o culto à personalidade do Chefe chegou a alturas inimagináveis, mas a atuação coletiva dos outros dirigentes tinha importância capital, e a sua capacidade de organização e de decisão se revelaria nos anos subsequentes.

Há debates historiográficos sobre se J. Stalin tinha intenção de desencadear amplas operações de *limpeza*, retomando procedimentos dos anos 1930. Na Geórgia, desde fins de 1951, abriu-se uma investigação envolvendo denúncias de corrupção em larga escala, implicando aliados de L. Beria, cuja situação tornou-se instável. Rapidamente, o processo assumiu caráter político:

os acusados manteriam relações com os serviços de inteligência capitalistas e conspiravam contra o Partido Comunista. Houve mudanças em centenas de postos de responsabilidade, tendo sido presos 36 altos dirigentes regionais.

O XIX Congresso do Partido Comunista, realizado em começos de outubro de 1952, por proposta de J. Stalin, aumentou o Bureau Político para 25 efetivos e 11 suplentes, sugerindo a hipótese da formação de uma *equipe de reserva*, pronta a assumir postos de direção máxima, na eventualidade de uma *limpeza* nos altos escalões do poder. Pouco depois do Congresso, A. Mikoyan e V. Molotov receberiam duras críticas, públicas, de Stalin. Na mesma época, a publicação de um livro assinado por ele próprio, *Problemas econômicos do socialismo soviético*, indicava a necessidade de um processo de aceleração e radicalização da construção do socialismo soviético.

Em janeiro de 1953, vieram a público acusações contra "médicos terroristas", a chamada *conspiração dos jalecos brancos*, envolvendo proeminentes doutores, quase todos judeus. Eles teriam causado a morte de A. Zhdanov e tentado matar outros dirigentes. Desencadeou-se uma grande campanha contra o cosmopolitismo e a influência nociva das ideias ocidentais. Assembleias em fábricas e em bairros votavam pelo julgamento e pela condenação dos *agentes infiltrados*. Os alvos centrais, entretanto, para além do sionismo, eram as potências capitalistas, em especial, os EUA, considerados principais inimigos da URSS.

Mas foi Stalin quem morreu, em 5 de março de 1953. Na URSS, houve consternação geral. O tirano era amado. Milhares e milhares de pessoas, em Moscou, atropelaram-se para ver o defunto. Em todo o mundo, angustiavam-se e choravam os comunistas. Nos campos do *Gulag*, houve comemorações de outro tipo, levando a revoltas, sufocadas com violência.

O que seria da URSS sem Stalin?

A União Soviética entre desafios e reformas: 1953-1985

DISTENSÃO E DEGELO NA UNIÃO SOVIÉTICA: 1953-1956

Ao contrário do que muitos imaginavam, a morte de J. Stalin não precipitou a desagregação da URSS. Ele concentrava de fato poderes extraordinários, mas compartilhava o mando com uma equipe de dirigentes que já tinham acumulado substancial experiência. Além disso, do ponto de vista da sociedade como um todo, a vitória sobre o nazismo constituíra laços de coesão que permaneciam firmes. Ao mesmo tempo, instituições econômicas, políticas, militares e culturais já tinham adquirido solidez e dinâmicas próprias. Forjadas nos anos 1930, testadas ao longo da Segunda Guerra Mundial, não se dissolveriam em virtude da morte do Líder.

A transição para uma direção colegiada efetuou-se com equilíbrio e em boa ordem. Um núcleo de dirigentes, veteranos, aparentemente unidos, tranquilizou a opinião pública. Entre eles, destacavam-se L. Beria, responsável pelos aparelhos de Segurança, incluindo o *Gulag* e os projetos de construção das bombas atômica e de hidrogênio soviéticos; G. Malenkov, presidente do Conselho de Ministros, chefe do governo; V. Molotov, responsável pelas Relações Exteriores; N. Bulganin, representante do complexo industrial-militar; A. Mikoyan, encarregado da Agricultura; e N. Kruschev, importante dirigente do Secretariado do Partido Comunista.

Pela ênfase com que eram afirmadas, duas referências ganharam logo força política: a celebração da direção coletiva e o respeito pela ordem legal socialista. Era uma crítica indireta à concentração de poderes nas mãos de J. Stalin, ao arbítrio daí decorrente, e ao culto que se fizera à sua personalidade.

Medidas concretas iriam conferir substância a esses movimentos.

O anúncio, em fins de março, de uma anistia parcial, alcançou cerca de 1.200 mil presos condenados a penas inferiores a cinco anos. Os acusados de crimes políticos e de crimes comuns mais pesados não foram abrangidos, mas tiveram suas penas reduzidas. Ainda do ponto de vista da Segurança, houve a proposta de transferir a administração dos campos do *Gulag* para o Ministério da Justiça, salvo os que detivessem criminosos políticos e prisioneiros de guerra. E transferir o controle das atividades econômicas dos campos de prisioneiros para os ministérios civis respectivos.

Na sequência, no começo de abril, a *conspiração dos jalecos brancos* foi denunciada como uma mistificação, suscitando estupor. As confissões teriam sido extraídas por métodos ilegais (tortura), e os médicos foram libertados e reabilitados. Um novo decreto proibiu o uso da força contra prisioneiros de qualquer natureza. Pouco depois, o Colégio Militar da Corte Suprema da União Soviética reviu e revogou as condenações de N. Voznessensky e do chamado grupo de Leningrado, julgados e executados em 1950.

Outras decisões apontavam no sentido do enfraquecimento da autonomia com que operavam os órgãos de segurança. Os tribunais de exceção foram dissolvidos e as condenações sumárias, extintas. A prerrogativa de condenar passou exclusivamente ao âmbito dos tribunais. Também foi dissolvido o secretariado particular de J. Stalin, sob chefia de A. N. Poskrebyshev, considerado um centro de decisões e práticas arbitrárias. O Ministério da Segurança do Estado (MGB, da sigla em russo) foi redefinido como Comitê de Segurança do Estado (KGB, da sigla em russo). Não se tratava apenas de uma mudança de nomenclatura. Perdendo a condição de ministério, o KGB passaria a ser subordinado ao controle do Partido Comunista. A prisão, o julgamento, a condenação e a execução de L. Beria, responsável maior pelo aparelho de segurança

A UNIÃO SOVIÉTICA ENTRE DESAFIOS E REFORMAS: 1953-1985 **99**

e de seus principais auxiliares em 1953 e 1954, reforçaram a compreensão de que o Partido assumia agora uma nova preeminência em relação à segurança do Estado. É verdade que os procedimentos que regeram essas condenações ainda reproduziram os padrões de arbitrariedade que se queria superar, mas não é menos verdade que não mais seriam retomados.

A ênfase na importância da direção coletiva conferiu novo vigor ao Comitê Central do Partido Comunista, que passou a se reunir constantemente e a se apresentar como uma espécie de parlamento da nova ordem, comprometido com novas políticas e prioridades, como, por exemplo, redução de preços para produtos de consumo corrente; revogação de impostos; perdão de dívidas; reajustes salariais; melhorias nos transportes públicos; investimentos na construção de habitações populares; melhorias no abastecimento. Anunciou-se igualmente uma reforma básica na política voltada para o campo, reconhecendo-se as contradições que entravavam o sistema: custos altos, falta de estímulos, exagero nos controles.

Na política externa, registraram-se importantes modificações: em relação ao mundo socialista, houve a reconfiguração do Conselho de Assistência Econômica Mútua (Comecon), fundado em 1949, reconhecendo-se os interesses das chamadas democracias populares na Europa Central. A revolta da população em Berlim, em junho de 1953, suscitou apreensão, conduzindo à suspensão da política de reparações imposta aos alemães. Num outro movimento, restabeleceram-se as relações amistosas com a Iugoslávia. Ainda na Europa, a União Soviética concordou com a neutralização da Áustria.

Com relação à Ásia, os novos dirigentes incentivaram negociações na Coreia (armistício de Panmunjon, em julho de 1953) e no Vietnã, após o triunfo de Dien Bien Phu (março/maio de 1954), destacando-se o papel especial dos comunistas chineses e dos vietnamitas na Conferência de Genebra (abril/julho de 1954) que consagrou o fim do colonialismo francês no Sudeste Asiático e estabeleceu critérios para a reunificação do país.

A União Soviética não foi aceita, como queria, como participante na Conferência de Bandung (abril, 1955), marco inicial, histórico, dos movimentos e Estados que se insurgiam contra o colonialismo e o imperialismo europeus. Mas formulou e estabeleceu bases para um diálogo construtivo com essa grande área que passaria a ser conhecida dali a pouco tempo como *Terceiro Mundo*, oferecendo-se como aliada na luta contra o colonialismo e o imperialismo. Neste sentido, ganhou destaque internacional uma viagem triunfal de N. Kruschev e N. Bulganin à Índia (novembro/dezembro de 1955).

100 UNIÃO SOVIÉTICA

Todas essas iniciativas se interligavam numa política geral de *distensão* que era apresentada na União Soviética como uma espécie de retorno aos anos 1920, fazendo lembrar a política externa do período da Nova Política Econômica, a NEP.

As mudanças internas e externas passariam a ser conhecidas como o *degelo*, do título de um romance do escritor Ilya Ehrenburg, crítico ao despotismo de um chefe de indústria. Publicado na primavera de 1954 nas páginas da revista *Novy Mir* (Novo Mundo), teve grande impacto na União Soviética e no mundo, ensejando debates a respeito do futuro do socialismo soviético e das reformas que então se desenhavam.

A DESESTALINIZAÇÃO E AS REFORMAS DE N. KRUSCHEV: 1956-1964

Depois da morte de Stalin, e por quase três anos, a sociedade soviética experimentou sentimentos e perspectivas de novos horizontes. A distensão a que todos aspiravam no fim da Segunda Guerra Mundial estava, afinal, realizando-se. Ninguém, no entanto, esperava o terremoto que seria desencadeado no XX Congresso do Partido Comunista, em fevereiro de 1956, quando, de surpresa, os delegados foram convocados a uma sessão extraordinária, secreta.

Ficaram pasmos, perplexos e assustados com o que ouviram. Na tribuna, o primeiro secretário do Partido Comunista (o título de secretário-geral fora abolido), N. Kruschev, proferiu um discurso demolidor em relação a J. Stalin.

O culto à personalidade

Camaradas! No informe do Comitê Central ao XX Congresso e em várias falas dos delegados ao Congresso muito foi dito a propósito do culto da personalidade. Depois da morte de Stalin, o Comitê Central passou a explicar que é estranho ao espírito do marxismo-leninismo celebrar uma pessoa, transformá-la num super-homem possuindo características semelhantes às de um deus. [...]

Atualmente, estamos interessados em como o culto de Stalin foi gradualmente crescendo, e o culto tornou-se a fonte de uma série de excessivamente sérias perversões dos princípios do Partido, da democracia do Partido e da legalidade revolucionária. [...]

A grande modéstia do gênio da Revolução, Vladimir Ilich Lenin, é conhecida. Lenin sempre enfatizou o papel do povo como criador da história. Lenin estigmatizou sem piedade toda manifestação de culto à personalidade. Lenin nunca impôs suas opiniões pela força. Ele tentava convencer. E pacientemente explicava suas opiniões aos demais. [...]

Lenin detectou em Stalin características negativas que resultaram depois em graves consequências. [...] ele sugeriu que era necessário considerar transferir Stalin da posição de secretário-geral, porque Stalin não tinha uma atitude apropriada em relação aos seus camaradas. Em 1922, Valdimir Ilich escreveu: "Após ter assumido a condição de secretário-geral, o camarada Stalin acumulou imenso poder em suas mãos e não estou certo se ele será capaz de usar este poder com o cuidado necessário".

Vladimir Ilich disse: "Eu proponho que os camaradas considerem o método pelo qual Stalin seja removido da sua posição e pelo qual um outro homem seja selecionado para a tarefa, um homem que, acima de tudo, distinga-se de Stalin por uma qualidade, notadamente, maior tolerância, maior lealdade, maior delicadeza [...]".

Camaradas! O culto à personalidade adquiriu tal monstruosa importância porque o próprio Stalin apoiava a glorificação de sua pessoa. A edição de sua curta biografia, publicada em 1948, é expressão da mais dissoluta adulação, aprovada e editada por Stalin pessoalmente. Ele indicava os lugares exatos onde pensava que o elogio de seus serviços era insuficiente. [...] Onde e quando um líder pode elogiar-se tanto a si mesmo? [...]

Camaradas! O XX Congresso do Partido Comunista da União Soviética expressou com renovada força a indestrutível unidade do nosso Partido, sua coesão em torno do comitê central, sua clara vontade de realizar a grande tarefa de construção do comunismo. E o fato de [...] superarmos o culto à personalidade é evidência de uma grande moral e força política do nosso partido. [...] Longa vida à vitoriosa bandeira do nosso partido – o Leninismo!

(Trecho do discurso de N. Kruschev pronunciado no dia 25 de fevereiro de 1956. Fonte: "Great Speeches of the 20th Century". Disponível em: <http://www.guardian.co.uk/theguardian/series/greatspeeches>. Acesso em: 15 abr. 2023.)

O *genial guia dos povos*, como era conhecido, foi apresentado como um tirano sequioso de poder, arbitrário, incapaz, sem escrúpulos. Foi uma verdadeira *segunda morte* de J. Stalin. O socialismo e os povos soviéticos não tinham vencido a Guerra sob sua liderança, mas *apesar* dele, de seus erros clamorosos, de suas concepções equivocadas, de suas funestas opções. Na fala de Kruschev, desfaziam-se os vínculos entre a sociedade, o Partido Comunista e seu Chefe, absolvendo-se os primeiros, condenando-se sem remissão o mais consagrado

102 UNIÃO SOVIÉTICA

dirigente comunista. Na análise dos *crimes de Stalin*, houve um enfoque seletivo: nenhuma palavra sobre as oposições vencidas nos anos 1920 e 1930, nada sobre os velhos bolcheviques executados nos Processos de Moscou; nem a respeito das deportações dos camponeses no quadro da coletivização dos campos ou das pequenas nações acusadas de colaboracionismo com a invasão nazista. Foram denunciadas apenas as arbitrariedades cometidas contra os próprios discípulos de Stalin, em especial contra quadros dirigentes do Partido Comunista.

Depois de alguma hesitação, o orador foi ovacionado, consagrando-se como liderança dos comunistas soviéticos. Havia, no entanto, receio de repercussões negativas. Assim, a sociedade como um todo foi informada apenas oralmente de trechos do discurso, e até mesmo a comunicação aos demais partidos comunistas e aos Estados socialistas seria filtrada e parcialmente censurada. Tentando controlar o impacto devastador que se propagava em ondas, os dirigentes, liderados por N. Kruschev, apostariam no sucesso de um ambicioso programa reformista.

Todos reconheciam que era necessário promover mudanças nas condições da vida cotidiana das pessoas comuns, melhorar o abastecimento de gêneros essenciais, construir habitações populares, aumentar a produção de equipamentos eletrodomésticos, aperfeiçoar o transporte público.

A agricultura mereceria prioridade máxima: de um lado, o sistema coletivo de propriedade seria revitalizado com assistência técnica, reajustes de preços, diminuição dos controles, ampliação da liberdade de produzir e vender excedentes; de outro, haveria uma campanha de mobilização no sentido de aumentar a superfície semeada, com a exploração de quase 36 milhões de hectares de *terras virgens*. O socialismo era muito bom, mas com manteiga seria ainda melhor, dizia N. Kruschev.

Tratava-se também de organizar de outro modo e melhor a economia. O centralismo considerado excessivo da economia seria enfraquecido com a criação de 105 conselhos regionais de economia, os *sovnarkhozes*, que, mais próximos da realidade em que viviam as pessoas, saberiam melhor calibrar incentivos e controles.

Entretanto, o governo não se dispunha a deixar de lado as áreas estratégicas e as exigências da Defesa. Em 1957, às vésperas do 40° aniversário da Revolução de Outubro, o mundo ouviria, incrédulo e maravilhado, os sinais do primeiro satélite artificial lançado por seres humanos, o *Sputnik*, atestando a superioridade soviética no domínio dos mísseis balísticos intercontinentais e na largada da chamada *corrida espacial*, que se transformou rapidamente numa prova suplementar de prestígio e num índice de capacidade tecnológica no contexto da Guerra Fria.

Entre os intelectuais, o *degelo* suscitou vivos e contraditórios debates, rompendo barreiras, alcançando variados setores sociais. Em *Nem só de pão vive o homem*, V. Dudintsev faria uma crítica certeira à burocracia soviética. B. Pasternak, com *Doutor Jivago,* foi ainda mais longe, questionando a validade da própria Revolução. Censurado, conseguiu contrabandear o livro para o exterior, alcançando imenso sucesso. Ganhou o prêmio Nobel de literatura, mas, proibido de recebê-lo, permaneceu tolhido na União Soviética. Um grande sucesso também obteve A. Soljenitsin com *Um dia na vida de Ivan Denissovitch*, um libelo contra os campos de concentração do *Gulag*. Divulgado nas páginas da revista *Novi Mir*, o texto alcançou multidões, surpreendendo o próprio N. Kruschev, que autorizara sua publicação. Este desenvolvia um estilo de liderança inédito na história do socialismo soviético, na relação com as pessoas, nos *banhos de massa* a que se entregava sem complexos, parecendo um político típico das democracias europeias ou norte-americana, conversando, contando piadas e casos, sorriso largo no rosto. Às vezes, parecia perplexo com os resultados de seus feitos, como se tivesse aberto uma caixa de Pandora que não mais conseguisse controlar.

Desde o início, suas propostas tiveram que se haver com resistências na sociedade e nas hierarquias do Partido e do Estado.

Entre as gentes, o culto a Stalin fincara raízes sólidas. Perdurariam no tempo. A sua popularidade era um índice eloquente das bases sociais do socialismo soviético autoritário. Nas alturas do Estado e do Partido, houve uma tentativa de deposição de N. Kruschev, posto em minoria no Presidium (novo nome do Bureau Político) do Comitê Central. Em manobra surpreendente, auxiliado pelo general Zhukov, ministro da Defesa, Kruschev contra-atacou e mobilizou o Comitê Central, reconquistando a maioria e afastando os oposicionistas. Eles, porém, não perderiam as vidas, sinal dos tempos, sendo removidos para postos subalternos com aposentadoria garantida.

No âmbito das relações internacionais, também desde o início, o reformismo liderado por N. Kruschev enfrentaria contradições e limites. Ainda no ano de 1956, foi necessário debelar dois grandes focos de revolta social na Europa Central: na Polônia ainda foi possível contornar protestos e críticas, com a nomeação de uma nova direção política. Já na Hungria, explodiu uma revolução popular, que só foi esmagada com o recurso aos tanques soviéticos. O desgaste seria (parcialmente) compensado pela invasão anglo-francesa, apoiada por Israel, no canal de Suez, no Egito. As duas crises coincidiram no tempo (fins de outubro, começos de novembro), permitindo que os soviéticos, acorrendo

104 UNIÃO SOVIÉTICA

em ajuda de G. Nasser, líder nacionalista árabe, se apresentassem como aliados do nacionalismo afro-asiático, lançado em Bandung no ano anterior.

Mais tarde, em setembro de 1959, N. Kruschev faria uma viagem consagradora aos EUA, a primeira de um líder soviético ao país. Não apenas se entrevistou com o presidente D. Eisenhower, como também viajou pelo país, conversando e polemizando com jornalistas, artistas e políticos. Dado a rompantes, mas irônico e jovial, o líder soviético ganhava prestígio na Europa e nos EUA, e investia num processo de distensão das rivalidades típicas da Guerra Fria. Havia a expectativa de que uma conferência de paz em Paris, no ano seguinte, consolidaria esse rumo.

Entretanto, o episódio da derrubada de um avião-espião norte-americano, o U-2, sobre os céus da URSS, denunciado por Moscou, negado, num primeiro momento, admitido depois pelos EUA, inviabilizou o encontro programado para a capital francesa, relançando em grande estilo a Guerra Fria.

Dois outros acontecimentos contribuiriam para acirrar as tensões internacionais, tolhendo os movimentos da liderança soviética e dificultando progressos da distensão entre as superpotências.

Na América Latina, a vitória da Revolução Cubana, em janeiro de 1959, ensejou uma rápida radicalização das contradições entre os revolucionários, liderados por Fidel Castro e Ernesto Che Guevara, e as empresas norte-americanas estabelecidas na Ilha, acostumadas a extrair lucros e benefícios de tipo colonial. O governo norte-americano apoiou os interesses das empresas, dando início a um processo de retaliações que conduziu à invasão de Cuba, em abril de 1961, por um corpo expedicionário financiado e amparado pela CIA e por grupos de direita em Cuba e nos EUA. A derrota da invasão levou Fidel Castro a proclamar o caráter socialista da Revolução Cubana. A URSS, que nada fizera pela revolução, mas que já se aproximava dos revolucionários, apoiou com entusiasmo a virada empreendida, tornando-se a principal aliada e base de apoio da Revolução Cubana.

Na África, igualmente, o crescimento dos movimentos de libertação nacional contra as potências coloniais europeias receberia o apoio da URSS (material, político e diplomático) e, em menor medida, também da China comunista. No início dos anos 1960, a independência do Congo, ex-colônia belga, detendo enormes jazidas de minerais estratégicos, radicalizou contradições entre partidos e tendências internas, convertendo-se em objeto de disputas entre os EUA e a URSS, internacionalizando-se. A Revolução Argelina, vitoriosa em 1962, e o nacionalismo árabe, liderado por Gamal A. Nasser, também receberiam apoio soviético, gerando descontentamento entre os Estados europeus e os EUA.

No campo socialista, os dirigentes soviéticos tiveram, porém, que se haver com problemas imprevistos. A *desestalinização* abrupta merecera críticas dos comunistas asiáticos, em especial dos chineses, que também não viam com bons olhos a aproximação entre os soviéticos e o mundo capitalista. Na segunda metade dos anos 1950, tanto a China quanto dois Estados europeus de *democracia popular* – Albânia e Romênia – começaram a formular críticas cada vez mais contundentes às lideranças soviéticas, às suas iniciativas diplomáticas e às novas concepções do socialismo e das relações internacionais que elas ensejavam. Em outra chave, partidos comunistas europeus – em particular, na Itália e na Espanha – passavam a defender vias próprias de caminhos ao socialismo, autonomizando-se em relação à experiência soviética.

Mas foi na própria URSS que as contradições se avolumaram, questionando as reformas e os rumos definidos por N. Kruschev.

Para além de sua capacidade invulgar de comunicação, o prestígio e a força do líder soviético provinham de sua capacidade de articular diferentes – às vezes, contraditórios – interesses. Assim, ao enfatizar a necessidade de atender às demandas de consumo e de bem-estar das populações soviéticas (*o socialismo com manteiga*), N. Kruschev não questionava as prioridades tradicionais dos planos econômicos: indústria pesada, defesa nacional, energia, comunicações. Nas relações internacionais, de forma análoga, as propostas *distensionistas* não significavam o abandono da perspectiva de construção e vitória do sistema socialista internacional contra o capitalismo. Finalmente, no que concerne ao campo socialista, ao tempo em que demoliam a figura de J. Stalin e suas políticas excessivamente centralistas, os líderes soviéticos não queriam, no entanto, abrir mão da liderança que exerciam entre os partidos e os Estados socialistas.

Articular simultaneamente esses diferentes interesses e essas diferentes orientações não seria uma tarefa fácil.

Os equilíbrios começaram a ruir no interior da própria URSS.

As reformas na agricultura, pedra angular na melhoria das condições de vida e de trabalho das pessoas comuns, patinavam. A exploração das terras virgens, apresentada como capaz de resolver os problemas do abastecimento, não rendia os resultados anunciados e esperados. Escassez de adubos, inadaptação das sementes, assistência técnica deficiente, desconhecimento das propriedades dos solos, resultando em erosão, secas e desastres ecológicos. A decisão de reconcentrar os *kolkhozes*, criando unidades gigantescas, registrava dificuldades de ordem prática. A transferência de máquinas e equipamentos para o controle das unidades de produção gerava gargalos: algumas unidades estavam superequipadas,

106 UNIÃO SOVIÉTICA

provocando desperdício; outras, ao contrário, reclamavam da escassez de implementos agrícolas. Os objetivos fixados, voluntaristas, também sobrecarregavam os camponeses, dificultando, às vezes impedindo, que se dedicassem aos seus lotes pessoais, de onde provinha grande parte da produção de alimentos.

As estimativas otimistas, como sempre, não se concretizavam. De uma base 100, aferida em 1958, estimou-se como meta o índice 170, a ser atingido em 1965. Mas os resultados não foram além de 114 (107 para as colheitas de cereais, 123 para o gado). Em 1963, em virtude de circunstâncias climáticas desfavoráveis, foi necessário, pela primeira vez na história, importar cereais do mundo capitalista (Canadá, Austrália, EUA). Um desprestígio. Um golpe no otimismo que as lideranças políticas faziam questão de ostentar.

O sistema dos planos plurianuais centralizados, apresentado como o grande trunfo da economia socialista, também passou por reformulações e indecisões. O VI Plano Quinquenal, que deveria ter início em 1956, não chegou a ser divulgado, substituído por planos anuais até 1958. Em 1959, formulou-se um plano setenal inédito, até 1965.

O XXII Congresso do Partido Comunista, realizado em 1961, tentou definir novos dinamismos à economia e às estruturas políticas.

Os conselhos regionais da economia (*sovnarkhozes*), em vez da maior eficiência pretendida, foram acusados de inclinações particularistas, ensejando o aparecimento de tendências anárquicas e circuitos informais. Seriam reduzidos dos 105 originais para 47 em 1963. Parecia um retorno a orientações centralistas. Entretanto, ao mesmo tempo, criaram-se administrações territoriais de produção, mais viáveis, em tese, para lidar com as especificidades locais. As tarefas de coordenação, porém, permaneciam em questão, dada a desconfiança votada às instituições centrais, criticadas por excessiva concentração de poderes e distanciamento dos problemas reais.

Sempre em busca de uma renovação das tradições, apareceu a estranha ideia de dividir o Partido Comunista em duas grandes seções: a industrial e a agrária. A proposta, aprovada, suscitou, porém, grande resistência. Inclusive porque veio acompanhada de toda uma série de medidas democratizantes: os cargos de direção passariam a ser rotativos, com limite de três mandatos, salvo situações excepcionais. Além disso, as eleições internas deveriam observar o voto secreto, incentivando-se candidaturas plurais, revogando-se a tradição do voto aberto em indicações propostas (e impostas) pelas instâncias superiores.

É verdade que o Congresso aprofundou ainda mais o processo da desestalinização. O corpo de J. Stalin foi retirado do mausoléu onde estava na companhia de Lenin e transferido para as muralhas do Kremlin. Houve uma onda de desmonte da estatuária dedicada a ele, retirando-se o seu nome de praças, ruas e avenidas e até mesmo da gloriosa Stalingrado, renomeada como Volgogrado, homenagem ao rio Volga que banha a cidade. Um poeta permitiu-se fazer versos solicitando que uma guarda fosse montada junto ao seu túmulo para impedir que seu espírito escapasse e viesse contaminar a nova União Soviética. Medidas simbólicas, com efetivo impacto, mas seriam capazes de reformar em profundidade aquela sociedade?

As ideias e o estilo de N. Kruschev começaram a sofrer reparos e críticas. Numa primeira fase, conferira um novo dinamismo às relações do Partido com a sociedade. Além disso, a subordinação dos órgãos de segurança afastara a sombra do terror e a instabilidade característica dos tempos de J. Stalin. Num segundo momento, porém, o líder foi se distanciando cada vez mais da opinião média dos dirigentes políticos e partidários. Seu moto-contínuo de propostas e inovações desestabilizava. Seu voluntarismo ia suscitando um custo cada vez maior. As propostas de democratização do aparelho partidário inquietavam. Apareciam novos tipos de oposição que se exprimiam através dos chamados *samizdats* (publicações realizadas pelo próprio autor). Eram pequenas folhas, datilografadas, mas algumas ganhavam projeção internacional: *Boomerang, Fenix, Spiral, Sintaxis.*

No início dos anos 1960, surgiram manifestações de descontentamento em várias cidades. A mais importante ocorreu em Novocherkassk, no início de junho de 1962. Insatisfeitos com a decretação de aumentos de preços de gêneros básicos e diminuição de salários, os operários de uma fábrica de locomotivas se insurgiram, invadiram a cidade próxima e saquearam a sede do Partido Comunista. Foram reprimidos com violência gerando 23 mortos, segundo dados oficiais. Um processo sumário resultou em mais sete condenações à morte e dezenas de outras sentenças a penas de trabalhos forçados.

Documento do KGB sobre os acontecimentos de Novocherkassk (junho de 1962)

Eu vos informo que a fábrica de construção de locomotivas elétricas Budenny, de Novotcherkassk e, em seguida, o conjunto da cidade foram teatro de sublevações entre 1º e 3 de junho (1962).

Os fatos mencionados aconteceram nas seguintes condições:

No dia 1º de junho de 1962, por volta de 7h30, um grupo de 8 a 10 pessoas [...] começou a discutir a respeito da decisão do governo. [...] Daí a pouco já havia 20 a 25 pessoas. O chefe da oficina chamou as pessoas de volta ao trabalho [...] mas não foi escutado [...] e a discussão continuou no pátio da fábrica [...] assumindo um tom provocador. [...]

Reunidos no pátio, os operários começaram a discutir sobre as condições de trabalho anormais, o desrespeito às normas de segurança, as más condições de vida e os baixos salários. A discussão tensa era interrompida por insultos e gritos. [...]

No começo do ano de 1962, a direção da fábrica decidiu rever as normas salariais, o que levou, para certas categorias de operários, a uma redução de 30% dos salários. [...]

Na hora do almoço, uma multidão de mais de cem pessoas [...] dirigiu-se para os escritórios da direção [...] Um torneiro [...] lançou um *slogan* provocador: "Carne, leite, aumento de salários!" [...] Presentes na fábrica, funcionários da direção, do KGB, com a ajuda de militantes comunistas, não conseguiram influenciar os descontentes. [...]

Já trezentas a quinhentas pessoas se encontravam reunidas face aos escritórios da direção. A atmosfera no interior da fábrica continuava a piorar. [...] Por volta de meio-dia, o trem de passageiros Saratov-Rostov foi parado pela multidão e o tráfego foi interrompido [...] os revoltosos fizeram soar a sirene do trem, suscitando o afluxo de mais operários. [...] Já havia então cerca de quatro mil pessoas no pátio da fábrica [...]. O engenheiro-chefe da fábrica tentou interromper a sirene, mas foi empurrado e agredido. [...]

Às 16h30, através de alto-falantes, o primeiro secretário regional [...] tentou explicar as decisões do Comitê Central, mas as pessoas recomeçaram a gritar: "A gente leu (as decisões), a gente sabe ler [...] conte-nos como a gente vai viver se eles abaixam os salários e aumentam os preços [...]".

Entre 18h e 19h, as forças da milícia tentaram restabelecer a ordem [...] um grupo de 200 milicianos uniformizados foi varrido e teve que fugir, três milicianos foram espancados [...].

No fim do dia, cinco caminhões repletos de soldados e três carros blindados chegaram à fábrica [...]. A multidão lançou-se contra eles, armaram barricadas e paralisaram o movimento dos soldados. Um dos criminosos subiu num dos carros blindados e conclamou os revoltosos a continuar as ações. Em seguida, as tropas bateram em retirada sob gritos, assovios e deboches [...].

No dia seguinte, os operários chegaram à fábrica às 7h, mas não retomaram o trabalho [...]. Sob influência de agitadores [...] a multidão acompanhada de mulheres e de crianças dirigiu-se para a cidade, na frente, a bandeira vermelha e um retrato de Lenin [...].

Quando a multidão chegou ao Comitê Regional, os agitadores começaram a jogar pedras e paus nas portas e janelas do edifício. Vencida a resistência dos guardas, irromperam no edifício, quebraram vidros, saquearam móveis, arrancaram e destruíram os retratos e espancaram os funcionários do Partido, dos sovietes e do KGB que se encontravam ali.

A UNIÃO SOVIÉTICA ENTRE DESAFIOS E REFORMAS: 1953-1985 *109*

Alguns provocadores chegaram à sacada do prédio e, como provocação, penduraram a bandeira vermelha e um retrato de Lenin. [...] Um outro grupo, mais furioso, dirigiu-se para o prédio da direção regional do KGB [...] um conflito aconteceu então para evitar que os manifestantes se apoderassem de armas e documentos. [...]

Não conseguindo tomar à força os prédios do KGB e da milícia, a multidão retornou para o Comitê Regional [...] ainda uma vez, tentaram atacar e desarmar os soldados. Em consequência, os militares fizeram uso de suas armas.

Uma vez a sublevação liquidada, contaram-se vinte cadáveres [...].

Vice-presidente do KGB, P. Ivachutin

(Lê-se, escrito no documento, o seguinte: O camarada Kozlov fez uma comunicação oral sobre o assunto ao Presidium do Comitê Central, 10 de junho de 1962. Fonte: WERTH, Nicolas; MOULLEC, Gael. *Rapports secrets soviétiques, 1921-1991*. Paris: Gallimard, 1994, pp. 247-250.)

Nas relações complexas com os partidos e os Estados socialistas, N. Kruschev também era criticado por falta de tato e posturas arrogantes, conduzindo ao acirramento das disputas com o Partido Comunista chinês e outros partidos comunistas europeus. Era notório o declínio da liderança ideológica soviética no que restava do movimento comunista internacional. A pá de cal foi a gestão da crise dos foguetes em Cuba, em outubro de 1962. Subestimando a capacidade do jovem presidente dos EUA, J. Kennedy, N. Kruschev aventurou-se a permitir a instalação de foguetes de médio alcance e ogivas nucleares na ilha do Caribe. Instaurado o impasse, a URSS foi obrigada a recuar, com danos para sua liderança e prestígio internacionais.

Arregimentaram-se então seus mais fiéis aliados, liderados por L. Brejnev. Em reunião do Presidium, seguida por outra, do Comitê Central, em outubro de 1964, decidiu-se pela destituição de N. Kruschev, responsabilizado, entre outras críticas, por um "estilo personalista de direção, subjetivismo, iniciativas desordenadas, precipitação... desprezo pelas massas". Em certo sentido, e estranhamente, era como se as críticas formuladas a propósito de J. Stalin fossem retomadas. O grande líder na crítica ao culto à personalidade retomara objetivamente procedimentos e padrões típicos desse mesmo culto. N. Kruschev ainda ensaiou uma resistência, mas foi obrigado a aceitar o veredicto da maioria que se formara contra ele. Restou-lhe uma aposentadoria vigiada, de acordo com os novos tempos que ele próprio ajudara a criar.

110 UNIÃO SOVIÉTICA

O SOCIALISMO DESENVOLVIDO ENTRE REFORMISMO E CONSERVADORISMO: 1964-1985

O período de pouco mais de 20 anos que se abriu com a queda de N. Kruschev, em 1964, e o início da Perestroika, em 1985, mereceu avaliações contraditórias. O Partido Comunista, na época, qualificaria a então União Soviética como um Estado de *socialismo desenvolvido*, segundo os termos de uma nova Constituição, aprovada em 1977 depois de ampla consulta realizada na sociedade. Ao mesmo tempo, nas relações internacionais, a URSS apareceria com força indiscutível, suscitando receios, e estabelecendo com os EUA uma espécie de *condomínio*, o que gerava uma certa estabilidade, embora tal evolução fosse criticada por Estados e forças políticas que almejavam conquistar espaços próprios de manobra, autônomos. Alguns analistas chegariam a propor que, para além de definições teóricas e ideológicas, a URSS e os EUA estariam caminhando no sentido de uma *convergência*, ambos definidos como superpotências industriais e tecnológicas. Por outro lado, ao longo dos anos 1970, considerando uma certa perda de dinamismo econômico e o crescimento da repressão às oposições, o socialismo soviético seria classificado por alguns críticos como o *socialismo realmente existente*, uma tautologia que se justificava pelo fato de que, embora não correspondesse às aspirações da teoria socialista do século XIX, eram inegáveis os progressos materiais realizados e também indiscutível o fato de que o socialismo, como sistema, era reivindicado e celebrado pelos comunistas soviéticos. Apesar disso, porém, na segunda metade dos anos 1980, como veremos, a URSS seria classificada, pelos novos dirigentes comunistas, como uma sociedade mergulhada na estagnação (*zastoi*), incapaz de competir com a ciência e a tecnologia mais sofisticada, e de conseguir manter índices de desenvolvimento econômico correspondentes às necessidades de sua economia e às aspirações de suas gentes.

Uma superpotência estagnada? Uma sociedade socialista esclerosada? Essas observações críticas tinham fundamento? Tentemos compreender como eram comentadas e respondidas pelos contemporâneos e pelos próprios comunistas soviéticos.

O grupo que organizou e decidiu a demissão de N. Kruschev restabeleceu as duas chaves básicas da *desestalinização*: direção colegiada e respeito pela legalidade socialista. Afirmou-se na direção do Estado e do Partido um quarteto: L. Brejnev (Partido), A. Kossiguin (Governo), N. Podgorny (Soviete Supremo) e M. Suslov (Ideologia e propaganda). Tratava-se, antes e acima de tudo, de unir o Partido e o Estado, neutralizando tendências e decisões

A UNIÃO SOVIÉTICA ENTRE DESAFIOS E REFORMAS: 1953-1985 *111*

intempestivas e voluntaristas, que não fossem expressões de um processo de amadurecimento institucional e coletivo.

A nova direção política reafirmaria seu compromisso com orientações reformistas. A preocupação com a eficiência, o rendimento e a produtividade das empresas foi devidamente enfatizada, mas no quadro de um reforço das instituições centralizadas. Tratava-se de alcançar equilíbrios eficazes entre a autonomia das empresas e o controle das instituições centrais. Assim, os conselhos regionais da economia foram dissolvidos, e restabelecidos os ministérios e os órgãos de planejamento com suas tradicionais prerrogativas. Na agricultura, não se punha em dúvida a validade das unidades coletivas de produção, mas os controles seriam atenuados, os *kolkhozianos* teriam maiores margens de liberdade, apostando-se na ideia de que adequada assessoria técnica e investimentos em tecnologia (adubos químicos, maquinaria agrícola) poderiam ser decisivos na dinamização da produção de cereais e de gêneros alimentícios, assegurando um crescente bem-estar das populações urbanas.

O planejamento da economia, porém, não descuraria da indústria pesada e da defesa nacional, consideradas essenciais na competição com os EUA e decorrência inelutável da condição da URSS como superpotência global. Previam-se, além disso, maciços investimentos na exploração do petróleo e do gás em imensas jazidas recém-descobertas na Sibéria, anunciando a hipótese de futuras exportações para a Europa, o que apertaria ainda mais os laços de mútua dependência entre a URSS e os principais Estados capitalistas europeus.

Na segunda metade dos anos 1960 e ao longo dos anos 1970, quase ninguém, de fato, parecia alimentar dúvidas quanto ao papel determinante da URSS nas relações internacionais.

A invasão da Tchecoslováquia em agosto de 1968 confirmara o reconhecimento da dominação da URSS na parte da Europa Central que passara a seu controle depois do fim da Segunda Guerra Mundial. A tese da *soberania limitada*, formulada por L. Brejnev, sistematizara no plano doutrinário uma hegemonia que aparecia como inquestionável. Os protestos dos EUA e dos Estados capitalistas europeus contra a presença dos tanques soviéticos em Praga foram absorvidos sem maiores problemas. Eram aquilo que pareciam ser: gesticulações simbólicas, nada que impedisse ou dificultasse os fluxos econômicos, políticos e diplomáticos entre Estados socialistas e capitalistas.

Os anos 1970 confirmariam essas tendências. Os acordos de controle da corrida armamentista (Salt I e II), o intercâmbio regular de visitas entre os dirigentes de Moscou e Washington evidenciavam, para além das contradições

112 UNIÃO SOVIÉTICA

entre os dois sistemas, interesses comuns. Ao longo dos anos 1970, as trocas comerciais entre os EUA e a URSS multiplicaram-se por oito. No início dos anos 1980, a URSS importava 40 milhões de toneladas de cereais anualmente, aumentando também, em proporções consideráveis, a exportação de gás e petróleo soviéticos para a Europa, onde se destacavam as relações especiais estabelecidas com a França e com a República Federal da Alemanha (RFA). O processo de mútua dependência reforçava tendencialmente as perspectivas de *distensão*, apesar de eventuais contradições e discordâncias. Dois marcos maiores merecem ser assinalados nesse sentido: o reconhecimento internacional diplomático das duas Alemanhas, a República Federal da Alemanha (RFA), a Alemanha Ocidental, e a República Democrática da Alemanha (RDA), a Alemanha Oriental, com o ingresso posterior dos dois Estados na ONU, em 1973; e os Acordos de Helsinque, em 1975, conduzindo a bom termo a Conferência sobre a Segurança e a Cooperação na Europa (CSCE) e consolidando política e diplomaticamente os Acordos de Yalta, firmados em fevereiro de 1945. As duas Alemanhas na ONU e a Conferência de Helsinque auguravam tempos de distensão das relações internacionais.

Em outras partes do mundo, os anos 1970 trouxeram também bons presságios para a URSS. No Vietnã, a longa guerra com os EUA se encerrou com vitória total dos comunistas, em 1975. A URSS, principal fornecedora de armas e munições, era reconhecida pelos vietnamitas como indispensável aliada. Na África, pressionado por distintos movimentos de libertação nacional, desagregou-se o velho Império colonial português, ensejando as independências das ex-colônias portuguesas, Angola e Moçambique, sob a liderança de movimentos de libertação nacional hegemonizados por comunistas apoiados por Moscou. Em outras partes da Ásia (Iêmen e Afeganistão) e da África (Etiópia, Congo/Brazzaville e Somália), regimes chefiados por líderes nacionalistas buscavam aliança e proteção da URSS, alguns declarando-se partidários de uma transição ao socialismo. O que mais suscitava admiração entre aliados e receio entre rivais e inimigos era a nova e inédita projeção da Marinha de Guerra soviética. Com bases proporcionadas por distintos aliados, no Sudeste Asiático (Vietnã), no Índico (Somália), no Mar Vermelho (Iêmen), no Atlântico (Angola) e no Caribe (Cuba), navios de guerra e submarinos soviéticos começavam a ser vistos no Mediterrâneo oriental. Entre analistas de distintas orientações, formulavam-se previsões apocalípticas a respeito da força imparável da União Soviética.

Raciocinando com base no conceito de "totalitarismo" que se disseminara nos circuitos universitários europeus e norte-americanos, prevalecia uma supervalorização do Estado, capaz de anular tendências críticas na sociedade. Alguns chegavam a postular que os soviéticos, em função da educação e da propaganda, estariam, na prática, envolvidos de tal maneira pelas redes de contenção e de convencimento manipuladas pelo Estado que teriam perdido a condição de elaborar propostas alternativas. Cresciam, em consequência, as dúvidas de que o socialismo soviético fosse capaz de evoluções internas substanciais. Com base nessas premissas, reforçavam-se as interpretações que estabeleciam uma proximidade íntima entre o nazismo e o comunismo. Ambos, regimes totalitários. Ambos, dotados de Estados poderosos e pervasivos. Não havia como, em consequência, esperar processos de fraturas ou decomposição internas. A dedução aparecia como óbvia: assim como o nazismo, o socialismo soviético só poderia ser vencido por Forças Armadas externas. Os partidários de um processo de distensão em relação à URSS (*as pombas*) perdiam terreno para os adeptos de soluções de força contra o que chamavam de "império do mal" (*os falcões*).

Foram poucos os que descortinavam na URSS um processo de *mutações sociais*.

Ao contrário dos que esgrimiam o conceito de totalitarismo, a sociedade soviética não estava nem um pouco estagnada ou congelada, ao contrário, movia-se com diferentes ritmos em distintas direções.

Chamava a atenção o movimento de *urbanização*. Em cerca de meio século, como observou o historiador M. Lewin, houvera um salto da população urbana de 59 milhões para 180 milhões de habitantes. Em termos proporcionais, cerca de 66% da população total vivia em centros urbanos no início dos anos 1980, um crescimento de 17 pontos percentuais em apenas 20 anos. As cidades com mais de 1 milhão de habitantes, de apenas 3, saltaram para 23, concentrando mais de 25% da população total, acolhendo no período cerca de 35 milhões de migrantes.

No âmbito da urbanização, houvera um notável aperfeiçoamento da *qualificação* da mão de obra. Nos anos 1950, 69% dos diretores de fábricas e 33% dos engenheiros-chefes eram formados nos padrões consagrados nos anos 1930: no batente, na prática (os *praktiki*). A grande maioria desses dirigentes não chegou a concluir os estudos secundários. Uma geração depois, no início dos anos 1980, 40% da população urbana economicamente ativa era formada por diplomados do segundo grau (cerca de 18 milhões de pessoas) ou por cursos universitários (13,5 milhões de pessoas).

114 UNIÃO SOVIÉTICA

Estudos estatísticos considerando três gerações (os nascidos em 1910, 1930 e 1950) evidenciavam a progressiva sofisticação da qualificação da mão de obra e, nos anos 1970, a leve predominância dos serviços. No contexto de uma mobilidade social notável, formavam-se *microuniversos*, típicos de sociedades complexas urbanizadas, tornando-se cada vez mais difícil a incidência dos controles estatais. Associações de todo o tipo, redes mais ou menos formalizadas de interesses e até mesmo instituições estatais, para assegurar condições mínimas de dinamismo interno, autonomizavam-se em relação aos centros estabelecidos em Moscou.

Milhões de pessoas participavam dos sovietes locais (2,27 milhões de representantes), dos comitês de controle popular (250 mil organizações). O próprio Partido Comunista, agregando cerca de 500 mil novos recrutas anualmente, alcançara o total de 17 milhões de filiados. Tais estruturas dispunham de poderes muito limitados, mas se constituíam como estruturas de sociabilidade dinâmicas, autônomas em relação às instâncias centrais. A ambição de tudo organizar e controlar não fora formalmente abandonada pelo poder central, mas era um desejo cada vez menos realizável.

Outro aspecto – importante e revelador – desse processo de desvitalização das instituições centrais poderia ser encontrado na multiplicação das chamadas *máfias*. Impropriamente chamadas de *feudos*, eram grupos de solidariedade que se formavam no interior dos circuitos informais de interesses, decisivos para dar conta das disfunções das estruturas centralizadas e necessariamente ineficazes no quadro de uma sociedade que se tornava cada vez mais complexa. Protegendo-se mutuamente, favorecendo soluções *ad hoc*, curto-circuitando hierarquias definidas, propondo meios para superar gargalos inesperados ou dificuldades imprevistas, tais redes acabariam se afirmando como indispensáveis na sociedade soviética. Não gratuitamente, o próprio L. Brejnev apareceria como chefe de uma dessas redes, a de Dnipropetrovsk, antigo nome da atual cidade de Dnipro, no leste da Ucrânia, um grande centro industrial da Rússia czarista e, depois, da União Soviética.

Ainda é importante ressaltar as formas moleculares de resistência da sociedade ao mando central. Desde as mais simples, expressas no desinteresse pelo trabalho (*eles fingem que nos pagam, nós fingimos que trabalhamos*), passando pelo rico anedotário, ridicularizando as autoridades e o poder, até movimentos explícitos de rebeldia (greves, passeatas, tentativas de formação de sindicatos livres da tutela estatal etc.) que, por serem raros, não eram menos reveladores. As campanhas desfechadas pelo Estado contra o absenteísmo, o alcoolismo, a negligência, o desperdício, a falta de patriotismo revelavam as contradições entre a vontade do Estado e a disposição das gentes. A reiteração desse tipo de campanha, ao longo das décadas, era uma prova dos limites encontrados pelas orientações que vinham de cima e de como as bases da sociedade mostravam ter dinâmica própria.

Num setor em particular da sociedade, a juventude, os esforços de controle por parte do Estado e do Partido Comunista mostravam-se ineficazes e inúteis. As campanhas ideológicas mostravam-se cada vez mais ineficientes, simplesmente não produziam resultados entre os jovens que optavam por tipos de música (rock'n'roll, jazz), instrumentos musicais (guitarra elétrica), cortes de cabelo, vestuário (jeans), modos de comportamento, que recusavam o nivelamento e a homogeneização impostos de cima para baixo.

Para além das manifestações de vitalidade e de insubordinação do tecido social, formavam-se igualmente oposições políticas ou que poderiam adquirir conotações políticas.

A *questão nacional* voltava a suscitar preocupação.

No extremo ocidente da União Soviética, entre os países bálticos, sobretudo, apareciam, em forma embrionária, agrupamentos que exprimiam insatisfação em face do centralismo de Moscou. No Cáucaso, manifestações de rebeldia nacional também se evidenciavam. Entre os judeus, amadureciam críticas e perspectivas de imigração para Israel ou para outros Estados europeus e para os EUA. As margens de manobra do poder eram estreitas, uma vez que, na própria fundação da URSS, em 1922, foi estabelecido um quadro que garantia autonomia para as nações não russas, consagradas constitucionalmente. Combinar dirigismo político com autonomia em vários campos estava se revelando uma equação difícil de resolver. Enquanto os não russos reclamavam da ingerência e da dominação russas, os russos criticavam as nações não russas como peso morto, como se os russos fossem obrigados a suportar, com seu poderio e riqueza, nações que recebiam mais do que davam. As curvas demográficas apontavam para um crescimento rápido dos não russos, comparado com a estagnação ou mesmo declínio da taxa de nascimentos entre os russos. Em breve, segundo previsão dos especialistas, os russos passariam, pela primeira vez na história, a ter um contingente populacional inferior ao conjunto dos não russos.

Num outro plano, a *dissidência* incomodava. Naquela sociedade as discordâncias com o poder político não geravam oposições, interditadas, mas dissidências. Plural em suas tendências (liberal, socialista, mística), os

116 UNIÃO SOVIÉTICA

dissidentes, através dos *samizdats* (publicações feitas pelos próprios autores), retomavam tradições de rebeldia da *intelligentsia* russa do século XIX. Amplamente apoiados pela mídia dos países capitalistas, parcialmente protegidos pelos Acordos de Helsinque, firmados em 1975, com sua coragem e destemor, suscitavam admiração e respeito no mundo. Acusados e julgados pelo poder, tornavam-se símbolos da luta da liberdade contra o arbítrio. Nomes como I. A. Brodski, A. D. Siniavski, Y. M. Daniel, A.T. Martchenko, P. H. Grigorenko, V. K. Bukovski, A. I. Soljenitsin, L. K. Tchukovskaia, A. D. Sakharov, entre tantos outros, tolhidos, presos, reprimidos, continuavam se batendo, denunciando o arbítrio, a injustiça, a perda dos valores, e explicitando os limites e as contradições do sistema soviético. Não constituíam uma ameaça imediata aos homens do poder, mas semeavam ventos, anunciando crises e tempestades.

O fato é que as campanhas ideológicas, cuja repetição evidenciava problemas não resolvidos, não conseguiam encobrir fatores de crise que se avolumavam.

Os *índices econômicos*, em sua objetividade, preocupavam. O desenvolvimento industrial, entre 1965 e 1970, ainda mostrara resultados alentadores, média anual positiva de 8,4%. Contudo, entre 1981 e 1985, a média caíra para apenas 3,5%. Entre 1966 e 1980, aparecia uma defasagem de até 10 pontos entre as metas previstas e os resultados aferidos. Apenas na produção do petróleo e de automóveis as expectativas se cumpriram. Em relação às outras fontes de energia, ao aço, aos fertilizantes, aos tratores, às locomotivas, houve igualmente defasagens importantes entre planos e resultados. Do ponto de vista da população, o mais grave eram os persistentes déficits da construção civil e da maioria dos bens de consumo corrente. Também aí as estimativas não se realizavam, provocando insatisfações. No décimo plano quinquenal, entre 1981 e 1985, somente a produção de gás conseguiu superar as previsões.

A UNIÃO SOVIÉTICA ENTRE DESAFIOS E REFORMAS: 1953-1985 117

**Relatório do Comitê Regional de Tomsk
sobre as dificuldades de abastecimento de carne na região**

O Comitê Regional de Tomsk considera indispensável informar o Comitê Central das sérias dificuldades que a região conhece para abastecer a população de carne e de produtos derivados. Neste ano, como nos anos anteriores, a cidade de Tomsk [...] enfrenta grandes problemas na venda de produtos à base de carne, e isso se deve ao fato de que apenas 25 mercados de alimentação num total de 80 comercializam a carne e seus derivados. Quanto à carne especificamente, não é nunca encontrada à venda. A anormalidade da situação gera descontentamento na população. A situação é ainda pior na zona norte da região, onde trabalham importante coletivos vinculados à indústria petrolífera, florestal, aos trabalhos públicos [...]. Nos últimos cinco anos, nos mercados *kolkhozianos*, o preço do quilo da carne de vaca nunca desceu abaixo dos 4 rublos [...] segundo os cálculos da direção regional de estatística, o consumo da carne elevou-se em nossa região [...] a 43,5 kg por pessoa contra 54 kg no conjunto da URSS. [...]

Secretário do Comitê Regional de Tomsk, E. Ligatchev. 11 de março de 1975

(Fonte: WERTH, Nicolas; MOULLEC, Gael. *Rapports secrets soviétiques, 1921-1991*. Paris: Gallimard, 1994, p. 264.)

No campo, apesar dos altos investimentos, os resultados ainda eram mais preocupantes. Na primeira metade dos anos 1980, em comparação com a segunda metade dos anos 1970, o crescimento anual declinara de 4,3% para apenas 1,4%, abaixo do crescimento demográfico. Os camponeses, como sempre, só trabalhavam com entusiasmo nos seus pequenos lotes de terra.

Outros índices alarmavam. Nos últimos 20 anos, o aumento da produtividade declinara de 6,3% para menos de 3%. Os investimentos, de 7,8% para 1,8%. Numa ponta, estoques não vendidos e invendáveis, por sua baixa qualidade. Na outra, poupanças crescentes, sem condições de se realizarem. A inflação oficial era contida, mas os preços no mercado paralelo disparavam. A cesta básica de consumo aumentara em apenas 7% nos últimos 30 anos, mas os preços cobrados nos mercados livres atestavam um aumento de 100%.

No contexto internacional, também surgiam contradições imprevistas. A invasão do Afeganistão, em 1979, fora imaginada como uma ação semelhante à da Tchecoslováquia. Com o passar dos anos, porém, os dirigentes perceberam que estavam envolvidos numa guerra civil interminável, provocando desgaste e comprometendo o prestígio da URSS. As próprias Olimpíadas de 1980, programadas para Moscou e organizadas para consagrar o poderio soviético, foram empanadas por toda uma série de boicotes e denúncias.

Por outro lado, desde meados dos anos 1970, assumira o governo da Inglaterra M. Thatcher, uma liderança conservadora que definira uma agressiva política liberal. Poucos anos mais tarde, a mesma orientação passaria a governar os EUA na figura de R. Reagan, anunciando projetos de rearmamento (Guerra nas Estrelas) que, caso concretizados, iriam recolocar a corrida armamentista em patamares qualitativamente mais altos, um desafio para a URSS, cuja economia equivalia a algo em torno de 25% da economia norte-americana.

Em face desses desafios, amadureciam propostas de reformas na sociedade soviética. Mas a direção do Estado e do Partido Comunista hesitava, talvez condicionada, pelo menos em parte, por um processo visível de envelhecimento. No começo dos anos 1980, a média de idade do Comitê Central atingira os 60 anos, a do Bureau Político (a designação de Presidium caíra em 1966), 71 anos, 10 anos a mais do que no começo dos anos 1970.

Quando L. Brejnev morreu em 1982, já dava sinais de esclerose. Os dois secretários eleitos posteriormente, I. Andropov e K. Tchernenko, exerceram o poder apenas pouco mais de um ano, evidenciando paralisias que não correspondiam aos desafios do momento.

O tempo de mudanças impunha-se. Tratava-se de saber se a União Soviética encontraria forças sociais e lideranças políticas à altura dos desafios que a história apresentava.

A desagregação da União Soviética: 1985-1991

PERESTROIKA E GLASNOST

A rápida eleição de M. Gorbatchev para o cargo de secretário-geral do Partido Comunista da União Soviética (PCUS), depois da morte de K. Tchernenko, foi interpretada como um indício forte do amadurecimento da consciência reformista e da decisão de rejuvenescer as alturas do poder político. Com 54 anos, o novo dirigente distinguia-se pela idade dos três últimos secretários do PCUS, todos com mais de 70 anos. Sua disposição para liderar reformas, sua energia e capacidade de trabalho não eram questionadas. Ele era expressão dos circuitos acadêmicos e da alta administração do Estado e do Partido, em que se formara um consenso de que mudanças eram necessárias para conferir um novo dinamismo à sociedade soviética. Havia divergências quanto às propostas concretas de reformas, ao ritmo em que deveriam ser empreendidas, por

120 UNIÃO SOVIÉTICA

onde deveriam começar, como se exerceria a liderança do Partido Comunista, mas quase ninguém apostava na permanência de características centrais do sistema existente. Estava em jogo a condição de superpotência da URSS, pois era notório o seu atraso nos setores mais dinâmicos da economia mundial.

O estilo pessoal de Gorbatchev e de sua mulher, Raissa, da maneira de se vestir à amabilidade e à franqueza com que tratavam as pessoas, suscitava admiração e confiança. A tradição dos dirigentes soviéticos, sempre sisudos, circunspectos, de poucas palavras e desconfiados, fora parcialmente quebrada por N. Kruschev, mas depois de sua deposição em 1964, retornou-se com força inabalável a figura dos *homens cinzentos*, expressão pública de um país considerado insondável, envolvido em enigmas que desafiavam as interpretações dos chamados "kremlinólogos", especialistas em decifrar (raramente com êxito) códigos que pareciam inacessíveis ao comum dos mortais. Logo em suas primeiras aparições públicas, Gorbatchev romperia de forma clara com essa pesada tradição. Nos principais Estados capitalistas, indagava-se como pudera surgir naquela sociedade que muitos imaginavam *congelada* um dirigente que tinha todas as características de um líder *moderno*.

As primeiras propostas apresentadas à discussão suscitaram grande impacto e tiraram o fôlego dos negociadores norte-americanos: moratória unilateral dos testes nucleares, redução de 50% dos armamentos estratégicos, liquidação das armas nucleares até o ano 2000, diminuição dos mísseis intermediários, assim como dos armamentos convencionais. Abertura para controles internacionais, capazes de averiguar *in loco* a sinceridade das intenções e a concretização de eventuais acordos. Num outro plano, os soviéticos comunicavam a disposição para discutir construtivamente a solução dos conflitos regionais que assolavam a Ásia (Afeganistão), a África (Angola e África do Sul) e a América Latina (Nicarágua).

A ousadia dos lances internacionais, porém, não era acompanhada por reformas equivalentes no plano interno. Embora demarcando-se dos dirigentes anteriores por seu estilo pessoal, apesar de caracterizar as décadas passadas como um tempo de estagnação (*zastoi*), o novo secretário-geral ordenou a organização de campanhas ideológicas que faziam recordar as orientações de seu mentor e antecessor no cargo, I. Andropov, ex-chefe do KGB. O maior objetivo, segundo suas próprias palavras, era acelerar (*uskarienie*) os ritmos, combatendo o desperdício, a negligência, o absenteísmo. O principal alvo da propaganda do Partido Comunista passou a ser o alcoolismo, em particular, o consumo abusivo da vodca, responsável por elevados gastos do sistema de saúde e por perdas consideradas colossais de dias e horas de trabalho. Na chefia do governo, N. Ryjkov defendia a necessidade de alcançar um equilíbrio ótimo entre as estruturas centralizadas e a autogestão das empresas, um princípio incorporado desde os anos 1960 e do qual não resultara uma dinâmica reformista substantiva.

Estaria a URSS condenada a repetir seus padrões já conhecidos, reiterando mais do mesmo?

Gorbatchev responderia pela negativa à indagação, e de forma convincente, através de um texto, de sua autoria, publicado em outubro de 1985: *Perestroika* (Reestruturação). A palavra correria o mundo e o livro logo alcançou as listas dos mais vendidos em todas as sociedades capitalistas (embora censurado em alguns países socialistas, como foi o caso em Cuba).

O ponto forte era a crítica sem reservas, contundente, ao sistema soviético e a seus problemas estruturais: centralismo excessivo, controles que se multiplicavam e se anulavam, metas exclusivamente quantitativas, escassa atenção à qualidade, à eficiência, à elevação da produtividade, desprezo por interesses e demandas das pessoas comuns. O socialismo estava se desacreditando na sociedade, em particular entre os jovens, gerando atitudes e comportamentos descompromissados, em alguns casos, cínicos. Tornava-se necessário renovar o socialismo, torná-lo, mais uma vez, como no passado, atraente, participativo, mobilizador, sedutor, em suma, para usar as próprias palavras do novo líder, tratava-se de ganhar a alma dos soviéticos para o socialismo.

Pôster evidenciando apoio da juventude à Perestroika. Autor: N. Jouk. Ano: 1988

UNIÃO SOVIÉTICA

> ### Sobre a Perestroika
>
> Estamos tentando transformar a suspeita e a hostilidade em confiança, o equilíbrio pelo medo em razão e boa vontade, o egoísmo nacionalista estreito em cooperação. Esta é a meta [...] em nome disso, continuaremos a trabalhar [...].
>
> Há uma grande sede de compreensão e comunicação mútuas no mundo. É sentida entre os políticos, está ganhando impulso na *intelligentsia*, entre os representantes da cultura e a opinião pública. Se a palavra russa *perestroika* entrou facilmente para o vocabulário internacional, isso se deve a algo mais do que o interesse no que está acontecendo na URSS. Atualmente, o mundo todo necessita da uma reestruturação, isto é, de um desenvolvimento progressista, de uma mudança fundamental.
>
> O povo sente e entende isso [...]. A reestruturação é uma necessidade para um mundo abarrotado de armas nucleares, repleto de sérios problemas econômicos e ecológicos, mergulhado na pobreza, atraso e doença [...].
>
> Somos todos estudantes e nosso professor é a vida e o tempo [...]. Cada vez mais pessoas perceberão que a integridade do mundo será acentuada através da *reestruturação* [...]. Tendo recebido boas notas do nosso principal professor, a vida, entraremos no século XXI bem preparados e seguros de que haverá mais progresso.
>
> Queremos que a liberdade reine com supremacia em todos os recantos do mundo no século XXI. [...] O caminho para isso se encontra no avanço para um mundo não nuclear e não violento. Já iniciamos esta caminhada e apelamos para que outros países e nações sigam nosso exemplo.
>
> (Fonte: GORBATCHEV, Mikhail. *Perestroika:* novas ideias para o meu país e o mundo. São Paulo: Best-Seller, 1987, p. 299.)

Havia, porém, alguns pontos cegos, como a análise da questão nacional, considerada, no padrão tradicional, essencialmente resolvida. Assim, as contradições entre as nações soviéticas, seu potencial explosivo e desagregador, eram subestimadas, quando não desprezadas. Além disso, e mais importante, o livro era muito econômico quando se tratava de traduzir os princípios gerais em propostas concretas de mudanças, na apresentação das políticas, através das quais seria possível superar os problemas crônicos e os impasses do sistema. Em outras palavras, o livro era preciso no diagnóstico, mas fluido e vago no prognóstico. Restava saber se a ausência de caminhos concretos para alcançar os objetivos era uma escolha ditada pela prudência ou a decorrência de uma falta de clareza essencial.

O fato é que o livro abriu portas para indagações e debates. Progressivamente, como na época de N. Kruschev, nas margens de liberdade concedidas pelo poder, agitavam-se ideias e propostas. E também denúncias, embora muitas ainda marcadas com o selo da timidez, contra as desigualdades sociais, evidentes,

A DESAGREGAÇÃO DA UNIÃO SOVIÉTICA: 1985-1991 *123*

apesar de disfarçadas; os privilégios dos altos mandos; as arbitrariedades cometidas pelos homens do poder; as disfunções da economia, a corrupção pervasiva. Em outro plano, surgiam no mundo acadêmico, entre os intelectuais e mesmo entre os assessores do próprio Gorbatchev, especulações e propostas sobre reformar e reorganizar a sociedade, incluindo-se aí ideias, antes recusadas como heréticas, de combinar em dosagens a definir as tradições do plano centralizado com dinâmicas e valores próprios das sociedades regidas pelo capitalismo. Entretanto, agrupadas em torno de E. Ligatchev, que exercia a função de segundo secretário do Partido Comunista, faziam-se também ouvir vozes conservadoras: sustentavam que o sistema socialista era fundamentalmente positivo e construtivo, as reformas seriam bem-vindas para melhorá-lo e não para aproximá-lo dos padrões capitalistas. Por outro lado, insistia-se que tudo deveria ser encaminhado e resolvido sob a direção política do Partido Comunista, conforme expressamente disposto na Constituição soviética de 1977. Gorbatchev, reeditando os melhores momentos de N. Kruschev, andava pelo país, tomando *banhos de massa,* incentivando o debate, testando a adequação dos princípios formulados em seu livro, avaliando a popularidade das ideias favoráveis às reformas.

O XXVI Congresso do Partido Comunista, realizado em março de 1986, foi um tanto decepcionante para os adeptos de mudanças mais radicais. Quase um ano depois da designação de Gorbatchev, confirmava-se a necessidade de reformas, celebrava-se a liderança do novo secretário-geral, mas não se explicitavam as políticas que seriam capazes de transformar concretamente os diagnósticos em ações práticas, como se o equilíbrio entre as forças renovadoras e conservadoras estivesse produzindo uma espécie de paralisia institucional.

Foi então que aconteceu a explosão da usina atômica de Chernobyl.

Num primeiro momento, ainda houve a tentação de esconder o desastre, percebido pelos sismógrafos ocidentais. Rapidamente, no entanto, por determinação de M. Gorbatchev, disponibilizaram-se as informações, evidenciando o subdesenvolvimento tecnológico de uma usina obsoleta, a precariedade das normas de segurança, a negligência dos responsáveis, o tamanho da catástrofe, o sofrimento das pessoas atingidas, em suma: o atraso de uma sociedade que, embora dispondo de armamentos sofisticados e de um arsenal nuclear capaz de explodir o planeta várias vezes, parecia não conseguir lidar com circunstâncias e entraves incompatíveis com sua condição de superpotência. Para os soviéticos, uma triste surpresa. Para todo o mundo, uma primeira oportunidade, inédita, de tomar conhecimento de realidades até então cuidadosamente ocultadas.

A exposição sem reservas de dificuldades e precariedades traria ao debate soviético e internacional uma outra palavra russa: *Glasnost*. Tradução corrente: *transparência*. Sentido preciso: *ver através*. Tentando fazer do vício, virtude, Gorbatchev, ao autorizar o escancaramento das mazelas de Chernobyl, propunha ali uma repactuação com a sociedade soviética no sentido do combate sem tréguas à opacidade das instituições públicas, da necessidade da publicidade dos atos administrativos, em suma, do estabelecimento de uma nova dinâmica em que o poder passasse a ser controlado pela sociedade. Havia ali um compromisso com, e uma promessa de, democratização que alentava as gentes e infundia receio nos responsáveis políticos e administrativos, habituados apenas a mecanismos de controle de cima para baixo, protegidos da curiosidade e do interesse público, invisíveis em seus erros e malfeitos. Com a explosão de Chernobyl e sua divulgação, enfraqueceu-se decisivamente o argumento tradicional da *fortaleza sitiada*, onde os erros e as mazelas eram ocultados *para não fazer o jogo do inimigo*. A Perestroika, apoiada na Glasnost, saiu reforçada, adquirindo legitimidade e dinamismo.

Pôster clássico do início da Perestroika, vista como um retorno a Lenin. O ano de 1985 foi o primeiro da Perestroika/ reestruturação/ reconstrução. O retorno a Lenin confunde-se com a ideia de combater a opacidade da administração, tornando visível (Glasnost) o que estava oculto. Autor: V. Jukov. Ano: 1985

Na sequência, foram aprovadas várias leis reformistas. Em novembro de 1986, a lei regulamentando o trabalho individual e familiar privado, os *tchastniks*. Tratava-se de autorizar legalmente práticas que se desenvolviam à sombra de mercados paralelos. A legalização permitiria, em tese, uma política de incentivos e créditos. Em maio de 1987, aprovou-se um novo estatuto para as cooperativas, conferindo-lhes real autonomia. Um pouco mais tarde, aprovou-se nova lei sobre a autonomia das empresas, que deveria entrar em vigor em 1º de janeiro de 1988. O objetivo aqui era substituir os métodos administrativos por critérios econômicos, conferindo às empresas margens de liberdade para contratar/despedir funcionários, fixar salários e remunerações, arbitrar preços para seus produtos, obter créditos, escolher fornecedores e obter rendimentos (juros) de seus depósitos bancários. Nesse quadro, as empresas não seriam mais avaliadas pelas quantidades produzidas (às vezes, de duvidosa qualidade, quando não invendáveis), mas pelos lucros obtidos. A rigor, era a retomada, em larga escala, de projetos reformistas empreendidos nos anos 1960, inspirados em propostas de E. Lieberman, que, no entanto, não tinham ultrapassado o marco das experiências-piloto. Os adeptos da nova lei aprovada propunham que os Planos Quinquenais passassem a ser apenas indicativos, formulando índices de produtividade a serem alcançados pelas empresas. Caso concretizada na prática, essa seria uma mudança substancial nas tradições do socialismo soviético.

O REFORMISMO SOVIÉTICO: ALCANCE, CONTRADIÇÕES, LIMITES

A aprovação de uma nova legislação nem sempre corresponde a sua plena e integral realização. Na União Soviética, a plena autonomia das empresas esbarrava em alguns limites que independiam largamente da intenção e da vontade dos legisladores. Era preciso, em primeiro lugar, considerar a resistência da sociedade. Embora houvesse amplo acordo quanto à crítica à rigidez dos planos centralizados e à ineficiência das estimativas baseadas exclusivamente na quantidade dos produtos, a verdade é que as empresas deficitárias na URSS eram muito numerosas, quase um quarto das unidades de produção, segundo análises correntes. Assim, se a nova lei fosse aplicada rigorosamente, a quebradeira decorrente das empresas poderia alcançar um patamar dificilmente controlável, inclusive porque o Estado não definira nenhum programa para prover assistência à massa de desempregados que iria presumivelmente se formar ou para reciclar os trabalhadores sem ocupação. Ainda na esfera legal, outros complicadores apareciam no horizonte: não havia na URSS nenhuma legislação específica sobre falências. Nem o país possuía um sistema bancário e financeiro adaptado à realidade de empresas autônomas. Todos esses problemas exprimiam contradições já percebidas no livro de Gorbatchev: havia ali declarações de princípios abrangentes e sedutores, mas não políticas claras que exprimissem o amadurecimento de uma consciência reformista.

Não gratuitamente, na prática, as reformas não estavam produzindo resultados alentadores. Em meados de 1988, três anos e meio depois da ascensão de

126 UNIÃO SOVIÉTICA

Gorbatchev ao posto máximo de direção da URSS, havia apenas 370 mil pessoas legalmente habilitadas para empreendimentos privados pessoais e/ou familiares e mais 246 mil nas cerca de 20 mil cooperativas em funcionamento. Para um país então com 280 milhões de habitantes, não chegava a ser estimulante. Condenava-se a economia estatista, mas não se encontravam ou se definiam alternativas para superar o estatismo generalizado a que a sociedade parecia acostumada.

A Perestroika marcava passo. Nem o país nem a economia se reestruturavam.

Em seu lugar, e graças às margens de liberdade que passaram a existir e aos estímulos que a Glasnost propiciava, exacerbavam-se as críticas e as denúncias ao sistema soviético, envolvendo todos os níveis, da ordem política às performances da economia, da organização da sociedade aos usos e costumes. Das remunerações igualitaristas, que não recompensavam devidamente as empresas mais produtivas e os trabalhadores mais criativos e dedicados, à prática dos resultados camuflados, quando não explicitamente falsificados. Era como se nada escapasse a um olhar crítico há muito reprimido e que, agora, liberto de amarras, se precipitasse desordenadamente, tentando recuperar o tempo perdido. Os discursos oficiais, que até então só celebravam os aspectos positivos, as vitórias e as conquistas, algumas inegáveis, eram contrastados com a denúncia de mazelas que surgiam de modo assustador, pervasivas.

O desenvolvimentismo soviético, baseado em números irrecusáveis, era denunciado como essencialmente destrutivo, devorador de vidas humanas e da natureza. Exemplos não faltavam, como o ressecamento do mar Aral, esterilizado por projetos mal planejados de irrigação. A exploração das terras virgens, tão celebrada nos primeiros tempos de N. Kruschev, fora empreendida sem maior cuidado, com uso indevido e abusivo de adubos químicos, gerando erosão incontrolável. Denunciava-se também a morte iminente do lago Lagoda, um dos maiores reservatórios de água doce da Europa. O mesmo poderia estar acontecendo com outros projetos monumentais que previam desvios de rios na Sibéria, não apoiados em estudos cuidadosos sobre os respectivos impactos ambientais. As referências ecológicas, que se tornavam, desde os anos 1970, cada vez mais discutidas no ocidente da Europa, ganhavam a consciência dos cidadãos soviéticos mais críticos que questionavam as atividades poluidoras, como a produção do carvão e do aço e as indústrias químicas. As grandes chaminés, antes associadas ao progresso material e social e à própria revolução proletária, tornavam-se símbolos de uma gestão perdulária e destrutiva da vida humana e da natureza. Um crime contra a humanidade e, em especial, contra as gerações futuras.

A DESAGREGAÇÃO DA UNIÃO SOVIÉTICA: 1985-1991   127

Pôster crítico à poluição dos rios e dos mares e ao produtivismo predador que caracterizou o desenvolvimento soviético. Autor: G. Belozerov. Ano: 1988

Ainda no plano da economia, reiteravam-se as críticas à má qualidade dos produtos postos à venda, mas invendáveis: as roupas feias, os eletrodomésticos que não resistiam ao teste do próprio funcionamento, os bens de consumo em geral, incluindo-se aí as habitações, disponibilizadas em grande número desde meados dos anos 1950, mas sempre mal-acabadas, com materiais de baixa qualidade, não correspondendo às demandas crescentes de uma população urbana cada vez mais exigente.

Desprezo pelos consumidores

Relatório de inspeção de A. Gromyko
21 de janeiro de 1986
Confidencial. Ao Comitê Central
Sobre o grande supermercado n° 1 do distrito de Kuntsevo

Observaram-me que a indústria não conseguia satisfazer as demandas formuladas pelos mercados, nem as demandas e as necessidades dos consumidores. Os contratos são frequentemente rompidos unilateralmente. Quase sempre os produtos não suscitam nenhum interesse dos consumidores. Entre estes, por exemplo, os casacos fora de moda [...] fabricados pelas fábricas Vympel e Saliut.

128 UNIÃO SOVIÉTICA

A questão mais importante é relativa à qualidade da produção nacional. Unânimes, vendedores e clientes quiseram compartilhar sua insatisfação.

Observa-se uma forte ausência de bons calçados de inverno. Nos meses de maior frio, só se conseguiam encontrar nas prateleiras sandálias de verão. Ausência praticamente total de calçados confortáveis para os idosos.

Este mercado é um exemplo típico da falta crônica de tecidos da moda. Os tons dos tecidos propostos são pálidos, sombrios e mesmo "repugnantes", como uma cliente observou. Falando conosco, os compradores criticaram os que produzem tais artigos e nos perguntaram se não era possível obrigar os produtores a considerarem os gostos dos clientes.

O pessoal do mercado atraiu nossa atenção sobre a falta de regularidade das entregas. [...] Pode-se mesmo concluir que há uma completa irregularidade.

O plano de vendas só é realizado no fim do mês. Em certos casos, nada é vendido nos dez ou vinte primeiros dias do mês e aí, durante a última semana, há uma corrida para entregar tudo o que foi pedido. Assim, neste ano, durante os primeiros oito dias de janeiro, nenhuma mercadoria chegou ao mercado.

Sobre o mercado de alimentos n° 27 do distrito de Jdanovski

O abastecimento de produtos tem um nível médio. Muito fraca a disponibilidade de peixes, em particular de peixe fresco. Nada de produtos de leite, queijo, linguiças defumadas. As carnes de carneiro e de porco são raramente postas à venda. A carne de vaca faltou totalmente entre 2 e 9 de janeiro, apesar das encomendas. Frequentemente, a carne chega sem que seja possível conservá-la. A carne congelada é muito rara. As necessidades em presunto, em presunto defumado e em linguiça não são satisfeitas.

A carne de frango aparece às vezes [...] as nossas produções suscitam a repugnância dos clientes.

Chamaram nossa atenção para a qualidade insatisfatória do leite. Frequentemente ele já chega azedo [...] a razão é simples: violação das regras sanitárias e técnicas quando do engarrafamento. [...]

Os clientes nos declararam que, durante os últimos anos, tem sido praticamente impossível comprar bombons de chocolate [...].

Falta constante de legumes, de diversos tipos de frutas [...] somente a oferta de maçãs é suficiente.

A direção do mercado afirmou que o abastecimento ao longo dos últimos anos não havia melhorado e que tinha inclusive se degradado [...].

Os problemas aqui aflorados são do conhecimento das autoridades, dos produtores e dos fornecedores. Mas é muito claro que eles não consideram os problemas [...].

(Fonte: WERTH, Nicolas; MOULLEC, Gael. *Rapports secrets soviétiques, 1921-1991*. Paris: Gallimard, 1994, pp. 635-637.)

As desigualdades sociais passaram a ser tema de constante escrutínio. O socialismo soviético, tido e havido como profundamente igualitarista, revelava nas brechas a constituição de setores particularmente privilegiados: lojas especiais, protegidas por grossas cortinas, invisíveis a olho nu, escolas, colônias de férias e hospitais reservados para as elites dominantes, padrões de vida que contrastavam de forma escandalosa com as agruras dos cidadãos comuns. Como previra G. Orwell, *entre os iguais, surgiam os mais iguais.*

A condição da mulher na sociedade soviética era desvendada e denunciada como um outro mito criado pela propaganda. É verdade que, desde os anos 1920, as mulheres haviam ingressado maciçamente no mercado de trabalho, alcançando bases seguras de independência financeira. Entretanto, permaneciam vigentes as tradições machistas que as obrigavam a cuidar dos filhos, do trabalho doméstico e da provisão dos produtos essenciais ao abastecimento das famílias. Considerando a escassez e a má qualidade dos eletrodomésticos e as dificuldades de toda a ordem em administrar as economias domésticas, as mulheres, para além do trabalho profissional, fora de casa, tinham que se haver com as longas filas para adquirir todo o tipo de gêneros alimentícios e ainda cuidar do pesado trabalho dentro de casa, no que se convencionou chamar a *dupla* – ou *tripla* – *jornada de trabalho.*

As mulheres também sofriam com as questões do divórcio e da interrupção voluntária da gravidez (IVG). Estimadas, com razão, como grandes conquistas revolucionárias, os direitos ao divórcio e à IVG foram, desde os anos 1920, consagrados como prerrogativas das mulheres. Entretanto, numa sociedade que continuava protegendo prioritariamente os interesses e os direitos dos homens, nem sempre era observado o compartilhamento das responsabilidades pela criação e pela educação dos filhos, em casos de separação dos cônjuges, recaindo grande parte dos encargos sobre as mães. Quando à IVG, as estatísticas eram desconcertantes. Frequentemente, a interrupção da gravidez não era propriamente um ato voluntário. Em virtude da falta de educação sexual e/ou da não disponibilidade de métodos anticoncepcionais, as estatísticas registravam 30 abortos por 100 mulheres entre 15 e 20 anos; 70% a 80% das primeiras concepções nas cidades, e até 90% entre as mulheres que viviam no campo, acabavam em aborto extra-hospitalar. Segundo os dados da Organização Mundial da Saúde, a URSS, com apenas 6% da população mundial, registrava 25% dos abortos no mundo, duas a quatro vezes mais do que nos demais países socialistas, seis a dez vezes mais do que nos países capitalistas.

Os questionamentos alcançavam outros e distintos aspectos da vida social. O alcoolismo, praga antiga, perdurara no contexto da sociedade socialista. Numa contradição extravagante, o Estado desencadeava campanhas de propaganda contra o consumo da vodca e, ao mesmo tempo, detendo o

130 UNIÃO SOVIÉTICA

monopólio da produção e da comercialização das bebidas alcóolicas, faturava e lucrava com seu consumo imoderado.

As redes de prostituição e o consumo de drogas tornaram-se também objeto de atenção. Ao contrário do que muitos imaginavam, tais redes se espalhavam, desmentindo a imprensa censurada com seus tradicionais discursos positivos, comprometidos com o que se convencionava chamar de *luta ideológica*.

O fenômeno da corrupção, que muitos consideravam extirpado, viria à luz de modo brutal em 1986, com o escândalo da chamada *máfia* do Uzbequistão, acusada de desvios colossais de recursos na exportação de 4 milhões de toneladas de algodão ao longo de muitos anos. Os principais responsáveis eram o filho de L. Brejnev, Y. Tchurbanov, acusado de se apropriar indevidamente de cerca de 1 bilhão de dólares, e C. Rachidov, ex-dirigente da república centro-asiática, já falecido, detentor de dez medalhas Lenin. Os procuradores designados por Gorbatchev, no curso das investigações, descobririam um amplo circuito, envolvendo milhares de pessoas nas práticas de corrupção, um crime que se transformara em costume, conhecido e tolerado pela sociedade. Outras *máfias* seriam também detectadas na Moldávia e no Cazaquistão. A rigor, como já se disse, essas redes se estruturaram nos interstícios do sistema soviético à procura de proteção e favorecimento mútuos, tentando evitar ou contornar os problemas que surgiam no contexto da economia de comando, mobilizada. Quando o cumprimento das metas planejadas em Moscou não encontrava respaldo em condições e possibilidades reais, havia que recorrer aos circuitos informais, às informações privilegiadas, a amigos fiéis nos lugares certos para viabilizar ou regularizar o abastecimento de matérias-primas, para adquirir insumos diversos e/ou canais de escoamento da produção. Assim, progressivamente, foram se formando essas verdadeiras coligações de interesses que, em muitos casos, podiam ser capazes de cometer crimes, mas não necessariamente se destinavam à sua prática.

Os debates contraditórios sobre o passado retornaram com renovada força, suscitando intensa polarização. Como nos tempos de N. Kruschev, mas de forma mais aguda, reabriram-se determinadas questões sensíveis. Das operações de limpeza no Partido, devidamente aprofundadas, alcançando as oposições condenadas ou extirpadas desde os anos 1920, passou-se à consideração de processos sociais traumáticos, como a coletivização forçada, a fome do início dos anos 1930, sobretudo no ocidente da Ucrânia, a deportação de contingentes nacionais inteiros (populações bálticas, polonesas, alemães do Volga, pequenos povos do Cáucaso). A figura de J. Stalin foi mais uma vez condenada, como se estivesse morrendo novamente. Os campos de concentração, o *Gulag*, foram objeto de pesquisas, estudos, denúncias. Até mesmo a Grande Guerra Patriótica, como os soviéticos chamavam a Segunda Guerra Mundial, entrava no radar dos críticos, evidenciando-se erros de avaliação e de condução de batalhas que haviam desperdiçado vidas humanas que teria sido possível poupar.

Nem sempre havia acordo em torno dessas denúncias. Em sentido contrário, erguiam-se vozes de defesa do sistema, denunciando um *criticismo* que estava liquidando a memória positiva do passado, essencial na manutenção da coesão das gentes. Fazia-se *tabula rasa* de uma história complexa, construtiva e heroica, apesar de erros e problemas que todos reconheciam. Nas alturas do Estado, do Partido e do poder, os privilegiados lutavam para conservar posições. Mas também nas bases da sociedade, a multiplicação de denúncias ensejava dúvidas e inseguranças. O fantasma do desemprego rondava, sobretudo, os setores considerados menos eficientes e/ou obsoletos.

Tentando ultrapassar os limites e as contradições, os partidários da Perestroika efetuariam diversas mudanças, afetando dirigentes políticos e as próprias instituições.

No curso de sucessivas reuniões do Comitê Central, M. Gorbatchev faria aprovar mudanças importantes na cúpula do sistema, afastando lideranças conservadoras, que vinham se opondo às reformas, e promovendo o ingresso no Bureau Político de dirigentes partidários das mudanças, destacando-se aí a figura de A. N. Iakovlev, designado responsável pela Ideologia, ou seja, pela chefia do aparelho de propaganda do Partido Comunista, encarregado das campanhas de informação e dos debates no seio da sociedade soviética.

Quase dois anos depois de publicado o livro de Gorbatchev, a XIX Conferência Pansoviética do PCUS, realizada entre 28 de junho e 2 de julho de 1988, decidiu por importantes reformas políticas, com ênfase na aprovação de um processo de autonomização dos órgãos do Estado em relação aos controles e à preeminência do Partido Comunista.

Na ocasião, decidiu-se pela criação de um Congresso dos Deputados do Povo, formado por 2.250 deputados, a serem eleitos da seguinte forma: 750 seriam escolhidos pelos distritos eleitorais existentes, incentivando-se candidaturas plurais, inclusive candidaturas independentes do Partido Comunista, com mandato de cinco anos, permitindo-se apenas uma reeleição; outros 750 representariam as nações soviéticas, eleitos proporcionalmente às respectivas populações; finalmente, os demais 750 seriam indicados por instituições consideradas fundamentais: Forças Armadas, aparelho de segurança, universidades, instituições científicas etc. Caberia a esse Congresso discutir a situação do país, estabelecer claramente as mudanças necessárias e eleger um Soviete Supremo, constituído por 500 deputados que escolheria, por sua vez, e pelo voto secreto, um presidente, um novo Chefe de

132 UNIÃO SOVIÉTICA

Estado com amplos poderes, desembaraçado dos controles do Partido Comunista e com a indispensável legitimidade para encaminhar as reformas.

Também se aprovaram a inscrição na Constituição do princípio da publicidade dos atos administrativos (Glasnost); o direito à informação; e o livre acesso às reuniões dos comitês do Partido Comunista e aos documentos oficiais (salvo os que interessassem à segurança do Estado). Além disso, o Partido Comunista comprometia-se formalmente a não tolerar o retorno dos vícios associados ao stalinismo.

Foi um ponto de virada fundamental: o Partido Comunista, instituição decisiva na organização do poder na União Soviética, com prerrogativas inscritas na Constituição, resolvia desencadear um processo que levaria à criação de uma nova instituição, o Congresso dos Deputados do Povo, autônomo em relação aos seus controles e destinado a eleger um presidente, eventualmente dotado de plenos poderes, cuja legitimidade não mais seria tributária do Partido, mas de seus eleitores, fossem ou não eles vinculados ou militantes do Partido Comunista.

A campanha eleitoral para o Congresso dos Deputados do Povo entusiasmou e quase paralisou o país. Jornais e revistas tinham suas tiragens rapidamente esgotadas. As pessoas se comprimiam diante das televisões para assistir aos programas de notícias e aos debates, às vezes acalorados, entre os candidatos. Um espetáculo de democracia que ensejava recordações de um outro momento eletrizante, participativo, que acontecera há pouco mais de 60 anos.

Ao mesmo tempo, um terremoto, na Armênia, em dezembro de 1988, reproduziu, em outros termos, a catástrofe de Chernobyl: precariedade dos socorros, falta de medicamentos e de equipes médicas, acusações de negligência e mesmo de corrupção na autorização da construção de prédios incapazes de suportar os cataclismas naturais previsíveis na região. Enquanto os reformistas enfatizavam que os problemas derivavam de um sistema falido, os conservadores, ao contrário, observavam que a Perestroika não era capaz de nada renovar. Em vez de melhorarem, as coisas pioravam.

O Congresso eleito evidenciou as discrepâncias que existiam na sociedade. Os grandes centros elegeram deputados reformistas, com destaque para a vitória de B. Yeltsin (89,4% dos votos no distrito pelo qual se candidatou) e de seus correligionários em Moscou e em Leningrado. Na primeira fase da Perestroika, Yeltsin, nomeado como prefeito da capital, adotara um estilo agressivo, de denúncia contra a poderosa e incontrolada burocracia de Estado, fazendo visitas inopinadas às administrações, tomando partido dos cidadãos, exprimindo suas demandas e ansiedades. Reclamava reformas mais rápidas e profundas. Demitido por Gorbatchev, obrigado a uma autocrítica humilhante, parecia destinado ao anonimato. Entretanto, graças às liberdades conferidas, continuou agitando suas ideias e ampliou notavelmente sua popularidade. No episódio eleitoral, voltaria com grande força como candidato independente, o que era permitido pela nova legislação eleitoral. Uma vez instalado o Congresso, afirmou-se como liderança das correntes reformistas.

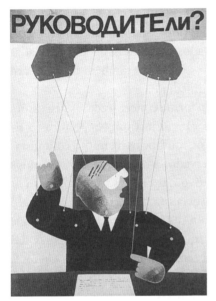

Pôster crítico à burocracia soviética. "Será que os dirigentes dirigem?" A pergunta irônica apresenta os dirigentes como marionetes, apesar da aparente autoridade. Autora: L. Kovaleva. Ano: 1987

Pôster crítico à burocratização. Nos escudos, a palavra: "Burocratismo". Embaixo: "Reconstruir, reestruturar". Autor: N. Ussov. Ano: 1987

"Vai, filhinho." Crítica ao nepotismo soviético. Autora: O. Katcher. Ano: 1988

134 UNIÃO SOVIÉTICA

Entretanto, os deputados eleitos pelos interiores do país, pela *Rússia profunda*, formulavam outro tipo de crítica: a Perestroika estava indo longe demais, desorganizava o país, instaurava a dúvida, destruía sem construir, demolia o passado sem ser capaz de desenhar de modo construtivo o futuro. Em 25% dos distritos, apesar da autorização de múltiplas candidaturas, houve apenas um candidato, indicado pelo Partido Comunista. Nas 17 regiões do Cazaquistão, os primeiros secretários do Partido foram candidatos únicos, eleitos de forma consagradora. Os deputados provindos de determinadas instituições (Forças Armadas e aparelhos de segurança) também formulavam reservas à Perestroika e temiam pelo futuro imediato.

Em suma, os eleitos reproduziriam, de forma concentrada, as discussões que percorriam o país. Os reformistas criticavam as instituições políticas, a situação econômica, as desigualdades sociais, os equilíbrios há muito conquistados e que pareciam agora balançar. Os conservadores desconfiavam dos rumos da Perestroika, apontavam o caráter destrutivo das críticas, questionavam as alternativas formuladas. O próprio regime socialista começou a ser apontado à execração, e havia não poucos que emitiam dúvidas sobre se realmente ele existira na história da União Soviética. Pesquisas realizadas às vésperas das eleições evidenciavam o desprestígio do sistema: apenas 11% dos eleitores declaravam que o socialismo era um critério para decidir o voto. Entre outros aspectos, era isto que alarmava os conservadores: o país precipitava-se num abismo, a União Soviética não se renovava, enfraquecia-se; a situação geral não dava mostras de melhoria, ao contrário, o abastecimento piorava, os preços disparavam, restaurava-se o racionamento, a desorientação ampliava-se.

A lei da autonomização das empresas não saíra do papel. As atividades privadas regulamentadas produziam apenas 0,5% do volume de bens e serviços. Em 1988, a colheita de cereais registrara 20% a menos do que em 1978, 10 anos antes. O racionamento da carne atingia 8 das 15 repúblicas soviéticas e 26 regiões da Federação russa. O do açúcar e da manteiga alcançava 32 das 51 regiões da Rússia. Os capitais internacionais, ao contrário das expectativas otimistas, não aportavam. As exportações estagnavam e apesar do aumento das importações, que sangravam as reservas do país e aumentavam suas dívidas, as lojas estavam vazias. Nesta atmosfera, os anúncios otimistas não chegavam a confortar uma sociedade que aprendera a desconfiar das estatísticas oficiais. Por mais que se anunciasse o próximo atendimento das demandas dos consumidores para o período entre 1991 e 1995, com um crescimento de 18% das indústrias leves, um aumento da produção de tecidos e vestuário em cerca de 100%, a elevação da produção de televisores, passando de 3,5 milhões para 13,5 milhões de unidades, nada disso era capaz de atenuar a disseminação do pessimismo que ia neutralizando ou mesmo substituindo a confiança suscitada nos primeiros tempos da Perestroika.

A liderança do próprio Gorbatchev conservava apoio considerável, embora sujeito a críticas crescentes. As duas sessões do Congresso dos Deputados do Povo, em maio de 1989 e março de 1990, aprovaram, porém, as reformas institucionais propostas, entre as quais a criação da Presidência da República, com uma concentração notável de poderes. A erosão da popularidade do secretário-geral, contudo, era expressiva. Em 1989, fora eleito presidente do Parlamento soviético com 94,3% dos votos dos deputados. Um ano depois, em março de 1990, apenas 70,7% dos votos sufragraram-no como presidente da República. Uma maioria ainda confortável, mas declinante. Na última votação, 495 deputados haviam votado contra ele, enquanto mais 54 anularam seu voto. O mais importante, e inédito na história da URSS, é que o governo autonomizara-se em relação ao Partido, que perdeu, formalmente, a direção política da sociedade, inscrita até então na Constituição.

Eleito presidente da República, livre dos controles partidários, tendo recebido amplos poderes, M. Gorbatchev seria agora capaz de liderar as profundas reformas anunciadas desde o início da Perestroika?

A DESAGREGAÇÃO DA URSS E AS CONTROVÉRSIAS HISTORIOGRÁFICAS

A maioria dos deputados do Congresso do Povo manifestou-se pelo aprofundamento das reformas. O problema é que não havia uma concepção comum do que seriam essas reformas. E o mais grave era que as políticas reformistas não produziam resultados tangíveis. Começaram a aparecer propostas que visavam não propriamente reformar, mas desmontar/destruir o sistema socialista. Alguns ainda falavam em combinar em doses imprecisas as referências do mercado (capitalistas) e do plano (socialista). Outros já não se sentiam constrangidos em propor a refundação do conjunto do sistema em direção a um capitalismo regulado, como nos padrões da social-democracia existentes na Europa Ocidental e na Escandinávia. O próprio M. Gorbatchev, na liderança do processo, parecia, às vezes, oscilar. No início, assumiram protagonismo os acadêmicos do Instituto de Novossibirsk, liderados por A. Aganbeguian e T. Zaslavskaia. Em seguida, foi a vez da equipe do Instituto de Economia da Academia de Ciências, dirigida por L. Abalkin. Mais adiante, seriam chamados S. Chatalin e N. Petrakov. Finalmente, G. Iavlinsky. Cada equipe tinha seu próprio plano. Em comum, o

136 UNIÃO SOVIÉTICA

fato de que suas propostas não se traduziam em políticas ou, quando traduzidas, não produziam resultados positivos. A partir de 1989, talvez influenciado por A. Iakovlev, M. Gorbatchev inclinou-se cada vez mais para as experiências da social-democracia europeia, embora, às vezes, criticasse como negativas as tendências de restauração do capitalismo.

A sociedade também se dividia, pois as eleições e os debates evidenciaram a força remanescente dos conservadores, favoráveis a reformas de superfície ou que se colocavam, cada vez mais, contra aquele processo que, independentemente da vontade de seus autores, precipitava a URSS no caos.

Do ponto de vista da coesão do país, o mais preocupante era a radicalização progressiva das tendências e das reivindicações nacionalistas.

Como vimos, este fora um problema subestimado pelas reflexões de Gorbatchev. Em seu livro, ele chegara a dizer que a questão nacional estava fundamentalmente resolvida na União Soviética. Um erro de avaliação.

Desde dezembro de 1986, ainda antes de a ascensão de Gorbatchev completar dois anos, explodira uma violenta insurgência de tipo nacionalista em Alma-Ata, capital da república soviética do Cazaquistão, contra a nomeação de um comunista russo para a primeira secretaria do Partido local, rompendo um acordo tácito que previa que o cargo seria sempre ocupado por nativos. A revolta obrigou Moscou a contemporizar e a recuar, reconhecendo a procedência e a força do nacionalismo local.

Na sequência, em meados do ano seguinte, surgiu na Rússia uma organização nacionalista, *Pamiat* (Memória), com um discurso nacionalista agressivo e excludente. Acusava as demais repúblicas de parasitarem a Rússia, carreando recursos desproporcionais a suas contribuições à União. Seus representantes foram recebidos por B. Yeltsin, na época prefeito de Moscou, conferindo visibilidade e prestígio ao movimento.

Ainda em 1987, houve manifestações nacionalistas em Riga, capital da Letônia, logo acompanhadas nas outras capitais bálticas – Vilnus (Lituânia) e Tallin (Estônia) –, todas reclamando respeito e reconhecimento das identidades nacionais respectivas. Em setembro desse mesmo ano, uma disputa futebolística em Kiev, entre equipes da Rússia e da Ucrânia, gerou uma verdadeira batalha campal com fortes conotações nacionalistas.

Em fevereiro de 1988, o fenômeno passou para outro patamar. Os armênios reivindicavam a integração à República da Armênia da região do Alto Karabach, majoritariamente povoada por armênios, mas vinculada política e administrativamente à república vizinha do Azerbaijão. Os azerbaijanos reagiram, desencadeando massacres de armênios. O conflito degenerou numa

A DESAGREGAÇÃO DA UNIÃO SOVIÉTICA: 1985-1991 *137*

guerra civil que exigiu a intervenção do exército soviético, que impôs um certo apaziguamento das contradições, mas não sua superação, pois os enfrentamentos continuariam se sucedendo até a desagregação final da URSS.

Em toda a parte despontavam tendências e movimentos nacionalistas. Por ocasião dos debates que precederam as eleições para o Congresso do Povo, a questão nacional seria novamente agitada, sobretudo nos países bálticos (Estônia, Lituânia e Letônia), com a formação das *Frentes Populares*, a rigor, frentes nacionalistas, incluindo-se aí uma fração dos próprios comunistas locais, que foram maciçamente sufragadas. O mesmo aconteceria, embora em ponto menor e de forma não tão estruturada, no Cáucaso (Geórgia, Armênia e Azerbaijão). Em novembro de 1988, o Parlamento da Estônia proclamou o primado das leis locais sobre legislações aprovadas pelo Soviete Supremo. Traduzindo: as leis da URSS só teriam vigência na Estônia, caso aprovadas pelo Parlamento estoniano. A decisão não foi aceita por Moscou, mas o desafio fora lançado e nos meses seguintes se radicalizaria. Antes mesmo do fim do ano de 1988, novas manifestações de cunho nacionalista ocuparam as ruas das capitais das repúblicas do Cáucaso.

Em fevereiro do ano seguinte, foi a vez de a Lituânia proclamar a sua autodeterminação em relação às leis da União. Já em Tiblissi, capital da Geórgia, no Cáucaso, em abril, uma outra manifestação foi desta vez reprimida à bala pelo exército soviético, provocando a morte de 16 pessoas. O episódio suscitou escândalo e pedido de desculpas, mas era impossível não enxergar o crescimento da onda de caráter nacionalista. O *Homo sovieticus*, tão decantado, dissolvia-se, ou não passara de um mito?

Ao longo do ano de 1989, enquanto os deputados soviéticos debatiam suas contradições, e os fermentos nacionais disseminavam-se na URSS, as chamadas *democracias populares* na Europa Central romperam suas amarras com Moscou, reduzindo a pó a doutrina Brejnev da *soberania limitada*, consagrada com a invasão da Tchecoslováquia em agosto de 1968. O processo teve como ponto alto – e simbólico – a derrubada do Muro de Berlim, em novembro de 1989, abrindo caminho para a reunificação da Alemanha.

Vale mencionar quatro aspectos surpreendentes desse processo, pela incidência que tiveram nos acontecimentos que se desdobraram desde então na União Soviética. Em primeiro lugar, *a passividade* de Moscou. Ao contrário das crises anteriores, os tanques soviéticos não apareceram. Para desconforto e desespero de muitos chefes das Forças Armadas e dos aparelhos de segurança, aquelas repúblicas, reconhecidas até então, desde fevereiro de 1945 (Yalta), como área de influência – e de dominação – soviética, tomavam rumo próprio sem suscitar nenhuma reação. Em segundo lugar, o fato de que, de modo geral,

138 UNIÃO SOVIÉTICA

com exceção notável da Romênia, os movimentos se desenrolaram *pacificamente*, registrando-se aqui e ali pequenos choques sem maior relevância. Em terceiro lugar, o rompimento de amarras se fazia sob a égide de movimentos de caráter nacional, reforçando, em cada país, *os movimentos nacionalistas*. Finalmente, em toda a parte, as propostas de renovação do socialismo foram rapidamente atropeladas pela perspectiva – e pelas propostas – *de restauração do capitalismo*.

Seria impossível desconsiderar o impacto destas reviravoltas (revolucionárias?) nos acontecimentos que se desenrolavam na URSS. E é interessante observar que, através de formatos e episódios diferentes, todos esses aspectos se reproduziriam no processo de desagregação da União Soviética, culminado daí a um pouco mais de dois anos.

Em 1989, porém, quase ninguém acreditava que a desagregação da URSS pudesse acontecer em tão breve tempo. Uma combinação de fatores conduziu a esse desfecho.

A crise econômica desempenhou certamente um importante papel. Recordemos que a Perestroika/Glasnost fora expressão de uma sociedade cada vez mais urbanizada e complexa, descontente com o centralismo e o estatismo que apareciam como entraves ao livre desenvolvimento do país e de seus cidadãos. No entanto, as contradições suscitadas pelas propostas de mudanças, a sucessão de equipes econômicas e a adoção de medidas e políticas que, ao contrário de resolver os problemas, agravavam-nos tenderam a criar uma atmosfera de ceticismo e de desorientação. A queda livre dos preços do petróleo, principal produto de exportação soviético, e o reduzido aporte de capitais internacionais (investimentos e empréstimos) conjugavam-se para piorar ainda mais o quadro. Nas alturas do Estado e do Partido, no interior das Forças Armadas e dos aparelhos de segurança, crescia o descontentamento motivado pela *perda* da Europa Central, pela retirada desordenada do Afeganistão, pela subordinação da URSS aos EUA e aos principais Estados capitalistas. Nas bases da sociedade, sucediam-se greves operárias de certa amplitude, como a dos mineiros do Donbass. Entre os camponeses, as propostas reformistas também não suscitavam entusiasmo. É verdade que M. Gorbatchev alcançara sólido prestígio internacional, consagrado com o prêmio Nobel da Paz, concedido em 1990. Entretanto, os zigue-zagues de seu governo pareciam não ter fim, conduzindo ao declínio de sua popularidade e a uma crise aguda de referências, de confiança no sistema, no país, em seus líderes, desembocando num processo de *desestruturação cultural*, que iria aprofundar-se ainda mais nos anos 1990, mas que precisa ser considerado como um fator decisivo para uma melhor compreensão da desagregação da URSS.

Gorbatchev e Bush. A foto simboliza a distensão das relações entre a URSS e os EUA. O líder soviético M. Gorbatchev não encontraria, porém, o apoio financeiro almejado. Fonte: George Bush Presidential Library and Museum, 1º de junho de 1990.

Os movimentos nacionalistas contribuíram também – e inegavelmente – para o desfecho da desagregação. Embora a questão nacional tenha adquirido desde cedo uma expressão maior entre as repúblicas do Báltico e do Cáucaso, explicitando antigas aspirações reprimidas, num segundo momento, se disseminaria pelas repúblicas da Ásia Central, com explosões de ódio nacional sendo registradas no Uzbequistão e no Cazaquistão (junho de 1989), no Tajiquistão (fevereiro de 1990) e no Quirguistão (junho de 1990).

A onda de proclamações das *soberanias nacionais*, ou seja, a decisão de condicionar a aplicação das leis soviéticas à aprovação dos parlamentos nacionais foi se espalhando gradativamente a partir das repúblicas bálticas (1989). Em 1990, o movimento ganharia inesperada tração com a adesão do eixo eslavo da URSS. O Parlamento russo, depois de eleger, em maio, B. Yeltsin presidente do país, proclamou, em junho, a soberania da Rússia por 907 x 13 votos. Nesse mesmo mês, a Moldávia e o Uzbequistão tomaram esse caminho, acompanhados em julho pela Bielo-Rússia e pela Ucrânia. Em agosto seria a vez da Armênia, do Turquemenistão e do Tajiquistão e, em outubro, do Cazaquistão.

A sucessão de proclamações de soberanias suscitava perplexidade. Se todas as repúblicas tornavam-se soberanas, que destino teria a União Soviética?

Em julho de 1990, realizou-se o XXVIII – e último – Congresso do Partido Comunista da União Soviética, reafirmando-se a liderança de M. Gorbatchev. Em setembro, o Soviete Supremo conferiu a ele plenos poderes para encaminhar por decreto as reformas necessárias. Mas, como em momentos anteriores, a concentração de poderes não era suficiente. O país continuava carente de políticas concretas e a sua definição parecia fora do alcance de Gorbatchev.

Considerando a sucessão de proclamações de soberania, em novembro de 1990, M. Gorbatchev e sua equipe formularam uma proposta para um novo pacto federativo, a ser submetido a um referendo, em que votariam todos os habitantes do país. Visava salvar a União Soviética, mas admitindo importantes mudanças. O país assumiria um novo nome: União das Repúblicas Soberanas, desaparecendo as menções ao socialismo e aos sovietes.

Ao mesmo tempo, Gorbatchev remanejou o governo, nomeando homens decididos a manter, se fosse o caso, pela força, a existência da URSS. No Ministério do Interior, B. Pugo. No KGB, V. Kriutchkov. Na chefia do governo, V. Pavlov. Nas relações internacionais, o veterano E. Chevarnadze foi substituído por A. Bessmertnykh. E ainda apareceu um desconhecido G. Ianaev para ocupar a vice-presidência, um cargo ainda não existente e que foi quase imposto por M. Gorbatchev. Exprimiam insatisfações crescentes entre os que denunciavam a Perestroika e, em especial, M. Gorbatchev como fatores de ruína e desagregação.

A reação conservadora

Aos membros do Comitê Central

Em virtude de sua incompetência, o Estado socialista se afunda. Nós exigimos que medidas sejam tomadas contra os culpados e a reunião de um congresso extraordinário. Renovar a composição do Comitê Central, demitir o secretário-geral do PCUS e [...] exprimir nossa revolta contra a natureza antipopular e antidemocrática do ukaze do presidente da Rússia publicado em 20 de julho de 1991 [este decreto, editado por B. Yeltsin, determinara a não partidarização dos postos estatais].

Reunião do ativo do Partido do distrito de Falensk, região de Kirov

Secretário de organização do distrito, E. P. Lyskov

25 de julho de 1991

*

> Ao pleno do Comitê Central do PCUS [reunido em 25-26 de julho de 1991]
>
> Os comunistas da organização do Partido da Direção das minas de Krasnodon [...] observam que o Comitê Central, o Bureau Político e o secretário-geral, M. Gorbatchev, não fizeram o necessário para aplicar as medidas tomadas pelo XXVIII Congresso do Partido. Eles praticam uma política de conciliação em relação a leis aprovadas pelo Soviete Supremo da Rússia ou decretos do presidente da Rússia cuja aplicação conduz ao retorno do capitalismo em nossa sociedade.
>
> [Propomos]
>
> Recusar a confiança a M. Gorbatchev, propor ao Pleno convocar um congresso extraordinário encarregado de demitir M. Gorbatchev de suas funções de secretário-geral e de excluí-lo do Partido.
>
> Nossa organização conclama todas as organizações do Partido para que apoiem nossa decisão.
>
> Secretário de organização do Partido, N. D. Kassikhin
>
> 26 de julho de 1991
>
> (Fonte: WERTH, Nicolas; MOULLEC, Gael. *Rapports secrets soviétiques, 1921-1991*. Paris: Gallimard, 1994, pp. 644-645.)

Em janeiro de 1991, operações repressivas contra supostos especuladores nas ruas das principais cidades russas quiseram se apresentar como demonstrações de força do novo governo. Em Vilnus (Lituânia), o exército reprimiu protestos, causando mortos e feridos entre os manifestantes. Os episódios suscitaram apreensão e revolta. Em aparente recuo, Gorbatchev condenou o emprego da violência, mas nenhuma providência foi tomada para castigar os responsáveis pela repressão.

Em 17 de março de 1991, realizou-se o referendo anunciado. A proposta de formação de uma nova União recebeu 76,4% dos votos, uma aparente consagração. O problema é que as populações de seis repúblicas (Lituânia, Letônia, Estônia, Geórgia, Moldávia e Armênia) não votaram. Os lituanos, aliás, em fevereiro de 1991, já tinham organizado um plebiscito local, conferindo 90,5% dos votos à independência nacional. Por outro lado, em diversas repúblicas, como na Ucrânia, o referendo incluíra outras questões sobre a soberania local e regional, relativizando a vitória da nova União.

Entretanto, abriram-se negociações a respeito do novo formato da União. As conversas começaram em abril. Chegou-se, depois de intensas negociações, a

142 UNIÃO SOVIÉTICA

uma Declaração, dita, sintomaticamente, dos 9 + 1. O primeiro número referia-se às nove repúblicas engajadas nas tratativas: o núcleo eslavo (Rússia, Ucrânia e Bielo-Rússia), as repúblicas da Ásia Central (Turquemenistão, Tajiquistão, Cazaquistão, Uzbequistão, Quirguistão e o Azerbaijão, no Cáucaso). A unidade restante referia-se à União. O texto era vago e impreciso. Era preciso concretizá-lo. Desdobraram-se outras conversas, sem resultados tangíveis. Enquanto elas se desenvolviam, crescia a exasperação na sociedade e intensificava-se a polarização entre renovadores e conservadores. Entre os primeiros, muitos já propunham abandonar de vez o socialismo. Propunha-se o estabelecimento de um mercado livre, a privatização das empresas estatais, a necessidade de integração com as instituições internacionais hegemonizadas pelos EUA, como o FMI e o Banco Mundial, o que viabilizaria os financiamentos dos quais se esperava a salvação do país. Entre os conservadores, nada disso era aceito, reafirmava-se, ao contrário, a necessidade de retomar coordenadas básicas do sistema que estava sendo denunciado, e não raros advogavam o recurso à força para liquidar de vez com o processo de reformas, responsabilizado por levar a URSS à ruína, ao descrédito e à decomposição. O fim das *democracias populares*, seguido pela dissolução da comunidade econômica (Comecon) e da militar (Pacto de Varsóvia), ocorridas em junho e julho de 1991, era particularmente enfatizado.

Em 12 de junho desse último ano, sobreveio um acontecimento político de grande impacto. Em eleições diretas, inéditas, B. Yeltsin foi eleito de forma consagradora, logo no primeiro turno, presidente da Federação Russa. Seus aliados, A. Sobchak e G. Popov, também seriam sufragados pelo voto direto em Moscou e Leningrado como prefeitos das respectivas cidades. Fortalecido com os resultados, B. Yeltsin produziu declarações no sentido de que os impostos arrecadados na Rússia pertenciam apenas aos russos e que o mesmo se aplicava aos recursos naturais. Voltava a ganhar força a perspectiva da dissolução da União Soviética. A antipatia visceral de Yeltsin por Gorbatchev, a quem o novo presidente da Rússia acusava de perseguição política desde 1989, não ajudava evidentemente as negociações em curso.

Afinal, apesar de ressalvas e reservas e de declarações ambíguas e contraditórias, oito das nove repúblicas (não acompanhadas pela Ucrânia) aprovaram um novo Tratado da União que previa uma espécie de confederação de repúblicas independentes, com política externa, Forças Armadas e um presidente comum. Os representantes da Federação Russa, do Cazaquistão e do Uzbequistão comprometeram-se a assinar o novo pacto em Moscou, em 20 de agosto de 1991.

A DESAGREGAÇÃO DA UNIÃO SOVIÉTICA: 1985-1991 *143*

No meio-tempo, um último encontro de M. Gorbatchev com os representantes das principais potências capitalistas, reunidas no G-7, em julho, foi constrangedor. Em vez de financiamentos e empréstimos, o líder soviético ganhou apenas promessas vagas que só seriam cumpridas caso houvesse reformas realmente drásticas na URSS, ou seja, caso os soviéticos resolvessem de uma vez por todas abandonar a perspectiva do socialismo.

Bastante desgastado, Gorbatchev voltou a Moscou e... saiu de férias. É possível que tenha avaliado que um enfrentamento radical das tendências que se digladiavam poderia suscitar um clamor para que ele viesse arbitrar o conflito. Se foi esse o caso, terá sido uma avaliação profundamente equivocada.

Aproveitando-se de sua ausência em Moscou, os principais homens do governo deram um golpe de Estado em 19 de agosto de 1991. Constituíram um Comitê Estatal para a Situação de Emergência, designando G. Yanaiev como presidente interino da URSS. Uma comissão de oito membros, incluindo o chefe do KGB, o ministro das Relações Exteriores e o ministro da Defesa, passaria a dirigir o país. Através da televisão, comunicaram que Gorbatchev estava doente (na verdade o haviam detido em sua *datcha* no Mar Negro) e que o propósito do governo era apenas defender a União. Sintomaticamente, não havia referências ao Partido Comunista e ao socialismo. No entanto, as ordens que davam – mobilização de tropas, prisão de adversários, controle das comunicações – simplesmente não eram cumpridas, abrindo-se um vácuo de poder.

B. Yeltsin, aproveitando as brechas, foi para o Parlamento russo e de lá, subindo num tanque, conclamou as gentes a resistir. A rigor, o que se evidenciou, antes de tudo, foi uma apatia geral, como se a população, abatida pelas carências, pela escassez, pela desorientação geral, pela desestruturação de referências, estivesse fatigada daquele processo.

Assim, o golpe esvaiu-se em apenas três dias, desmoralizou-se, derrotado mais pela própria fraqueza do que pela força demonstrada dos adversários.

Retornando a Moscou, Gorbatchev ainda tentou se equilibrar, condenando o golpe e os golpistas. Mas foi humilhado, em encontro público e televisionado, por B. Yeltsin, que recordou que todos os golpistas haviam sido nomeados por ele mesmo, Gorbatchev, e que, portanto, sua responsabilidade nos acontecimentos era objetiva e irrecusável.

Seguiu-se um processo de desmoronamento.

Lituânia e Geórgia já haviam proclamado as respectivas independências em março de 1990 e em abril de 1991. Enquanto o golpe durou ou logo depois de seu fracasso, precipitaram-se outras declarações de independência: Estônia

144 UNIÃO SOVIÉTICA

(20 de agosto), Letônia (21 de agosto), Ucrânia (24 de agosto), Bielo-Rússia (25 de agosto), Moldávia (27 de agosto), Cazaquistão e Quirguistão (28 de agosto), Azerbaijão (30 de agosto), Uzbequistão (31 de agosto), Tajiquistão (9 de setembro), Armênia (21 de setembro) e Turquemenistão (26 de outubro).

O Partido Comunista foi posto na ilegalidade. O próprio Gorbatchev demitiu-se do cargo de secretário-geral e propôs ao Comitê Central que se autodissolvesse. O KGB também foi extinto, enquanto B. Yeltsin recebia plenos poderes do Parlamento russo.

No começo de dezembro, os dirigentes das três repúblicas eslavas, Rússia, Ucrânia e Bielo-Rússia, em reunião realizada em Minsk, declararam extinta a União Soviética e anunciaram a formação da Comunidade de Estados Independentes, a CEI, aberta às repúblicas que haviam constituído a União Soviética. Pouco depois, Yeltsin, com anuência das potências capitalistas, dos EUA em particular, em nome da República Russa, apropriou-se do Kremlin, do Ministério das Relações Exteriores e das representações diplomáticas russas no mundo. Houve também um acordo de que a República Russa concentraria o arsenal atômico da União Soviética em troca do reconhecimento das independências das ex-repúblicas soviéticas.

No dia 21 de dezembro de 1991, Gorbatchev recebeu um comunicado dos dirigentes de 11 repúblicas que, reunidos em Alma-Ata, capital do Cazaquistão, formalizavam a instauração de uma nova comunidade. Nela não haveria mais espaço para ele e para a União Soviética, que ele dirigira nos últimos seis anos.

Quatro dias depois, M. Gorbatchev anunciou e assinou sua demissão. Surpreendentemente, a União Soviética deixava de existir.

* * *

Consumada a desagregação, começaram a se desenhar, até hoje vivas, as batalhas historiográficas para explicar e interpretar o surpreendente processo de declínio e o fim da URSS.

Cabe valorizar alguns pioneiros que imaginaram a hipótese do desmoronamento antes que ele fosse perceptível no horizonte. Entre outros, Andrei Amalrik, escritor e dissidente; Hélène Carrère d'Encausse, historiadora; e Emanuel Todd, cientista político e demógrafo, cada um a seu modo, localizaram, respectivamente, no *isolamento social* secretado pelo sistema, nas *contradições nacionais* e na *evolução demográfica* fatores de enfraquecimento que não poderiam ser neutralizados e que conduziriam ao fim da União Soviética.

Apareceram, como sempre, os profetas do passado, aqueles que, depois de as coisas terem acontecido, as anunciam como inevitáveis. Assim, o desaparecimento da União Soviética passou a ser apresentado como inexorável. O que aconteceu teria mesmo que acontecer. Nesse contexto, ressuscitou-se a teoria do totalitarismo, enunciada nos anos 1930, reativada logo depois da Segunda Guerra Mundial e que ganharia notoriedade a partir dos anos 1960 e 1970. Segundo seus partidários, o gigante soviético seria incapaz de suscitar movimentos internos contraditórios, dada a preeminência absoluta do Estado. Quando as contradições explodiram, desde a desestalinização até os anos Gorbatchev, enfraqueceu-se o conceito, já que a sociedade soviética registrava dinâmicas internas claras, conforme demonstraram os pesquisadores que se situavam do ponto de vista da História Social. Contudo, ao se verificar a desagregação da URSS, os adeptos do conceito do totalitarismo voltariam à carga, argumentando que ficara *provada* a impossibilidade de o sistema se autorreformar.

Uma outra linha de interpretação enfatizaria a questão dos gastos militares. Obrigada a competir com os EUA, tendo um PIB correspondente a 25% do de seus adversários, a URSS nunca teve condições de proporcionar aos seus cidadãos serviços e bens de consumo, alimentando tensões que desembocaram na ruína do sistema.

O historiador Angelo Segrillo, entre outros, demonstraria, não obstante os fundamentos objetivos do argumento, que este fator, tomado unilateralmente, não explicaria o declínio da URSS, cujas causas seriam múltiplas, destacando-se a incapacidade do sistema econômico soviético de assumir e disseminar processos de trabalho e de administração de métodos de *especialização flexível* próprios do *toyotismo*.

Sobre as causas do declínio da URSS

O toyotismo [...] é um novo paradigma industrial microeconômico, representante maior [...] dos padrões de especialização flexível, surgidos na época da Terceira Revolução Tecnológica [...] o toyotismo se revelou tão fortemente o mais avançado dos paradigmas industriais que levou as indústrias tradicionais fordistas a estudarem-no e tentarem copiar várias de suas técnicas de *especialização flexível*. Avassaladas pela superioridade japonesa nas décadas de 1970 e 1980, as indústrias fordistas ocidentais [...] somente conseguiram melhorar sua competitividade na década de 1990 através exatamente da adoção de várias técnicas de *especialização flexível*. Atualmente, rara é a grande empresa que não emprega pelo menos alguns dos novos métodos de *just-in-time*, controle de qualidade total, círculos de qualidade, métodos flexíveis de produção, etc. *Flexibilidade* é atualmente a palavra-chave na indústria mundial. [...]

> Assim, o toyotismo e os métodos de especialização flexível foram exatamente os carros-chefes das inovações na época da Terceira Revolução Tecnológica [...].
>
> [...] a compreensão plena do surpreendente processo da *perestroika* envolve uma análise da interligação entre diversos fatores, macro e microeconômicos, nacionais (internos da URSS) e internacionais, etc. O fenômeno da *globalização* da economia mundial [...] talvez se revele a face externa de processos mais profundos [...] que, inclusive afetavam [...] o próprio bloco do *socialismo real*.
>
> (Fonte: SEGRILLO, Angelo. *O declínio da URSS:* um estudo das causas. Rio de Janeiro: Record, 2000, pp. 194-195.)

Evidenciara-se a dificuldade de superação dos padrões fordistas que haviam assegurado a força dinâmica do sistema nos anos 1930, agora sem condições de lidar com os desafios da nova revolução científica e tecnológica a partir dos anos 1960.

Superando as teses unilaterais, a abordagem complexa parece o caminho mais fecundo para compreender a queda da URSS. Um *conjunto de fatores*, na sua simultaneidade, é que permitiriam a melhor compreensão do processo.

A *questão nacional*, inclusive porque mal compreendida pela direção soviética, e também por M. Gorbatchev, que a consideravam resolvida, desempenhou evidentemente um papel-chave. Mas a ela se somam a *crise econômica* e a *incapacidade política* dos partidários das reformas que, sendo muito precisos nos diagnósticos, manifestaram, em todo o período da Perestroika, notável incapacidade de traduzir em políticas concretas seus ideais reformistas que, pelo menos no início, eram compartilhados por amplas maiorias. Finalmente, ainda não devidamente valorizado, cabe enfatizar o papel da *desestruturação cultural*, uma crise de referências que levou grandes contingentes da sociedade soviética a perderem os rumos e a identidade, desvalorizando seus feitos e conquistas, desorientados e desconfiados de si mesmos, de suas próprias possibilidades de superar os desafios colocados pela história. Foi este conjunto de fatores que, afinal, conjugados e simultaneamente, geraram a tempestade perfeita que levou a URSS ao colapso.

A União Soviética e o século XX

A ntes de terminar, conviria formular algumas reflexões sobre a trajetória da URSS, seu impacto na história dos povos soviéticos e no mundo ao longo do século XX.

A EXPERIÊNCIA HISTÓRICA DA UNIÃO SOVIÉTICA

As mutações provocadas pelas Revoluções Russas e pelo socialismo soviético nos territórios pertencentes ao Império czarista foram inegáveis e transformadoras. Apesar da grandeza do território, do volume da população, das riquezas naturais e de um desenvolvimento capitalista vigoroso em seus últimos anos (estradas de ferro e indústrias de ponta, localizadas sobretudo na parte ocidental), o Império Russo antes das Revoluções figurava como uma potência de segunda ordem, marcada

148 UNIÃO SOVIÉTICA

pelas tradições de uma servidão abolida tardiamente (1861), de uma sociedade agrária (85% da população no campo), com baixos índices de produtividade e pervasivo analfabetismo.

O socialismo soviético, sobretudo a partir dos anos 1930, ensejaria mutações econômicas e sociais notáveis, revolucionárias, expressas na rápida urbanização, no crescimento de um parque industrial moderno, sintonizado com o que havia de mais produtivo na época (importação de máquinas e processos de trabalho dos EUA, da Inglaterra e da Alemanha), no crescimento da produção de fontes de energia (eletricidade e petróleo), na superação do analfabetismo, na disseminação da educação secundária e superior, e na construção de um sistema de saúde público e universal.

Esse gigantesco salto para a modernidade e para o progresso material, acionado por uma revolução pelo alto, liderada pelo Estado, realizou-se em menos de 15 anos, em meio a terríveis catástrofes sociais – guerras civis, coletivização forçada, trabalho compulsório em campos de concentração (*Gulag*) –, com elevadíssimo e incomensurável custo humano. Emergiu daí uma economia de comando, mobilizada, ancorada em planos quinquenais, centralizados, viabilizada, ao mesmo tempo, pela mobilização e pela participação ativa das gentes e por um violento aparelho repressivo.

Mais terríveis sofrimentos e provações seriam vividos no contexto da Segunda Guerra Mundial, quando a União Soviética teve que suportar o peso principal do enfrentamento com a máquina de guerra nazista (1941-1945), resultando daí novas hemorragias de perdas humanas (20 milhões de mortos) e incalculáveis ruínas materiais.

Testado, o sistema sobreviveu e emergiu da guerra fortalecido. O velho Império czarista transformara-se numa superpotência mundial.

Seguiu-se uma disputa com os EUA que perdurou quase 50 anos, no quadro de uma Guerra Fria que foi demasiado quente em muitas regiões do mundo (Guerra do Vietnã, guerras árabe-israelenses, guerras de libertação nacional na Ásia, na África e na América Latina). A bipolarização entre as duas grandes potências condicionaria os conflitos regionais e nacionais em toda a parte, marcando com seu selo as contradições sociais e políticas do período (1946-1991). Embora tendo empreendido importantes reformas, particularmente nos anos liderados por N. Kruschev e por M. Gorbatchev, a União Soviética não conseguiu recuperar o dinamismo dos anos 1930, exigido por uma nova revolução científico-tecnológica desde os anos 1960-1970. Acossado por um complexo de fatores (econômico, políticos, sociais, nacionais

A UNIÃO SOVIÉTICA E O SÉCULO XX **149**

e culturais), o socialismo soviético não resistiu e entrou em colapso, desaparecendo da história contemporânea em 1991 e ensejando, como vimos, controvérsias historiográficas que perduram até os dias de hoje.

A UNIÃO SOVIÉTICA E O MUNDO CAPITALISTA

Desde o triunfo dos bolcheviques, a partir de Outubro de 1917, e da formalização da URSS, em 1922, a União Soviética constituiu um formidável desafio ao mundo capitalista, liderado pelos EUA e pelos Estados europeus.

As políticas de isolamento, desde o *cordão sanitário*, proposto logo depois do triunfo dos bolcheviques, embora mudando de forma e de intensidade, nunca deixariam de ser acionadas, evidenciando a preocupação com a alternativa socialista.

Ao mesmo tempo, mudanças importantes na evolução do capitalismo no mundo seriam impensáveis sem a existência – e a pressão – da União Soviética. No período entre as Grandes Guerras (1918-1939), surgiram as alternativas fascista e nazista, além do corporativismo estatal, disseminando-se por todo o mundo. Depois da Segunda Guerra Mundial, no continente europeu, o atendimento das demandas das classes trabalhadoras e a construção de um Estado de Bem-Estar Social foram devidos, sem dúvida, às lutas históricas dos trabalhadores, mas também, em não pequena medida, à *sombra* soviética, incitando as classes dominantes a preferir perder alguns anéis em vez de arriscar as mãos e a própria sobrevivência. Nos próprios EUA, teve lugar, entre os anos 1940 e os anos 1970, um processo de distribuição de renda, ensejando o crescimento de poderosas camadas médias e a elevação do padrão de vida de segmentos importantes da classe operária. Como se o capitalismo aceitasse conter sua ânsia estrutural de lucro, preferindo desarmar ou neutralizar tensões sociais.

Em movimento análogo, mesmo na área do mundo capitalista mais desenvolvido (sobretudo na Europa), e para além dessa área, nos países ainda hegemonizados pelo capitalismo internacional na América Latina, na África e na Ásia, multiplicaram-se experiências de expansão das funções intervencionistas e reguladoras do Estado, com ênfase para a elaboração de planos econômicos inspirados, em grande medida, embora com características específicas, na experiência soviética. Tratava-se, onde fosse possível, de neutralizar a radicalização das contradições sociais, assumindo aí um papel importante a formulação de iniciativas de cooperação internacional, como o Plano Marshall para a Europa e, em menor medida, a Aliança para o Progresso na América Latina e a construção

150 UNIÃO SOVIÉTICA

de mecanismos internacionais reguladores, como, entre outras agências, o Fundo Monetário Internacional (FMI) e o Banco Internacional para Reconstrução e Desenvolvimento (Bird), mais conhecido como Banco Mundial.

Sintomaticamente, de modo concomitante à desagregação da União Soviética, expandiram-se ou se relançaram doutrinas e políticas liberais, conduzindo ao desmonte ou ao enfraquecimento das políticas de bem-estar social ou de defesa dos interesses das camadas médias da população e das classes trabalhadoras, esvaziando-se, em toda a parte, as noções e as políticas estatais de regulação e de intervenção.

A URSS, A EXPANSÃO DO SOCIALISMO E A DECOMPOSIÇÃO DOS IMPÉRIOS COLONIAIS

Os bolcheviques, como todas as correntes socialistas na Rússia, eram internacionalistas, e o internacionalismo era um compromisso – e uma premissa teórica – dos socialistas do século XIX.

Entretanto, quando sobreveio a Primeira Grande Guerra, foi o nacionalismo que prevaleceu em todos os Estados beligerantes, apoiado pelos próprios partidos social-democratas. Apenas grupos minoritários, entre os quais os bolcheviques, permaneceram fiéis aos princípios internacionalistas. Assim, ainda no contexto das guerras civis, e descrentes da II Internacional, fundada em 1889, acusada de ter se rendido ao nacionalismo, os bolcheviques propuseram a construção de uma nova Internacional, comunista, o Komintern, fundada em Moscou em março de 1919.

As circunstâncias das guerras civis, porém, conduziram os bolcheviques e o socialismo soviético a incorporar, gradativamente, orientações nacionalistas. A defesa da Revolução soviética iria, afinal, prevalecer sobre quaisquer outras considerações, embora o internacionalismo não fosse abandonado em termos doutrinários. Nos anos 1930, a ideia da construção do socialismo num só país, embora caracterizada como um expediente provisório (enquanto uma nova onda revolucionária internacional não sobreviesse), passou a ditar os rumos da política externa soviética. Em todo o mundo, os partidários da URSS eram conclamados a defender, antes e acima de tudo, a União Soviética, definida por J. Stalin como a *pupila dos olhos* dos comunistas.

Num outro plano, e desde a vitória da Revolução de Outubro, os bolcheviques passaram a incentivar as lutas de libertação nacional que, desde antes da Primeira Grande Guerra, preconizavam a destruição dos impérios coloniais europeus. Tais movimentos ganharam ímpeto no período entreguerras, sobretudo na Ásia, destacando-se em alguns países, como na China, no Vietnã e na Coreia, a liderança comunista. Em tese, um paradoxo: comunistas liderando lutas nacionalistas, mas era isso que estava acontecendo, apesar das predições doutrinárias.

No contexto da Segunda Guerra Mundial, a Internacional Comunista seria dissolvida, uma concessão soviética às pressões dos Aliados. Ela desapareceu sem registrar uma única vitória revolucionária, suscitando controvérsias a respeito do papel dos soviéticos neste fracasso.

Depois da Segunda Guerra Mundial, o socialismo avançaria em áreas da Europa Central, graças aos exércitos soviéticos, formando o bloco das chamadas *democracias populares*, lideradas por comunistas apoiados por Moscou. Em 1947, sob inspiração soviética, um novo organismo com vocação internacional foi criado, o Bureau de Informação dos Partidos Comunistas e Operários, o *Kominform*. Abrangia os partidos comunistas no poder e, ainda, os partidos comunistas francês e italiano. A experiência não foi adiante, tendo sido dissolvida em 1956.

A rejeição do socialismo na região, considerado cada vez mais uma imposição russa, depois de muitos movimentos insurgentes, resultaria, como se observou, em fins dos anos 1980, na desagregação geral do sistema e na restauração do capitalismo.

Na Ásia, porém, mesmo com pouco auxílio soviético, triunfou a luta de libertação nacional chinesa, em 1949, sob liderança comunista. O mesmo aconteceria na Coreia e no norte do Vietnã, depois de uma guerra prolongada com o colonialismo francês (1945-1954). A União Soviética apoiaria materialmente (armas e munições) os coreanos no contexto da Guerra da Coreia (1950-1953) e os vietnamitas em suas guerras contra os franceses e, depois, contra os EUA (1960-1975). Impossível imaginar as lutas e os sucessos de coreanos e vietnamitas sem a cooperação soviética. Em relação à China, depois de alguma hesitação, a URSS reconheceu o regime comunista de Pequim e estabeleceu com ele uma série de tratados de assistência econômica e tecnológica. Entretanto, depois da desestalinização, com a qual os chineses não concordaram, acirraram-se as contradições entre comunistas soviéticos e chineses, conduzindo ao cisma sino-soviético, incluindo disputas políticas e ideológicas e até mesmo breves enfrentamentos armados, em 1969. No começo dos anos 1970, ainda sob liderança de Mao Tsé-tung, a China restabeleceria relações diplomáticas e econômicas com os EUA, ingressaria na ONU como única representante do povo chinês e, a partir de 1978, no quadro de um processo das reformas econômicas ("As quatro modernizações"), passaria a receber vultosos investimentos de empresas norte-americanas. A diplomacia triangular norte-americana, mantendo

152 UNIÃO SOVIÉTICA

relações simultâneas com Moscou e Pequim, não agradava os soviéticos, mas estes tiveram que se conformar. Gradativamente, as relações entre URSS e China seriam regularizadas, sem retomar, no entanto, o nível de amizade e cooperação dos anos 1950. Em relação à Perestroika/Glasnost, a China comunista manteria prudente distância crítica, pois o seu programa reformista incluía uma importante reestruturação econômica, mas sob firme controle do Estado e da ditadura política do Partido Comunista.

A União Soviética desempenharia um papel-chave no apoio político e diplomático ao conjunto dos movimentos de libertação no resto da Ásia e da África, contribuindo em grande medida para a decomposição dos impérios coloniais europeus (França, Inglaterra, Bélgica e Portugal). Em contraposição, os EUA tratariam, muitas vezes, de caracterizar os movimentos nacionalistas como filocomunistas. No Oriente Médio, depois de apoiar a criação do Estado de Israel, a URSS se aliou ao nacionalismo árabe, mesmo quando os comunistas nesses países eram perseguidos e reprimidos. Na África Subsaariana, os soviéticos estariam ao lado dos movimentos nacionalistas que lutavam contra o declinante Império Português e com os movimentos antiapartheid na África do Sul. Assim, quando se consumou o fim dos impérios europeus e o do apartheid, os soviéticos colheram os frutos de seu apoio através de uma série de acordos de cooperação técnica e política. Nos anos 1970, a influência soviética expandia-se, incluindo novos aliados na África (Congo-Brazzaville, Somália e Etiópia) e na Ásia (Iêmen do sul), suscitando temores nos EUA e nas ex-potências coloniais.

Na América Latina, os soviéticos tornaram-se os grandes campeões na defesa da Revolução e do socialismo cubanos. Embora não tendo tido ingerência ou influência no processo revolucionário, os soviéticos, logo que se definiram as contradições entre Havana e Washington, tomaram partido do governo cubano, e o apoiaram largamente com armas, munições, petróleo e todo o tipo de cooperação técnica. Por ocasião da Crise dos Mísseis em outubro de 1962, as relações ficaram estremecidas, dado que o potencial conflito foi resolvido sem que os cubanos fossem consultados, mas a cooperação entre os dois países teria continuidade, alcançando altos padrões nos anos 1970. Cuba pôde então contar com grande ajuda soviética, que permaneceu até os tempos da Perestroika, vista com muitas críticas pelo governo cubano.

Da mesma forma, os soviéticos apoiariam os movimentos nacionalistas e progressistas na América Latina, mesmo ali onde os comunistas não estivessem envolvidos ou não fossem os principais protagonistas, o que não impediu

A UNIÃO SOVIÉTICA E O SÉCULO XX **153**

a URSS de manter relações diplomáticas com todos os países, mesmo quando fossem dominados por ditaduras militares.

Assim, enquanto durou, a URSS desempenhou um papel de fermento e apoio a todos os partidos, movimentos e lideranças que se pronunciassem a favor de políticas de autonomia nacional, contra as ingerências consideradas indevidas dos EUA ou de outras potências capitalistas europeias. Não gratuitamente, no universo das forças de esquerda, a URSS seria considerada com simpatia. Sua desagregação fez desaparecer um ponto de apoio e, no caso de Cuba, uma aliada preciosa.

O SOCIALISMO SOVIÉTICO E A TEORIA SOCIALISTA: DEBATES HISTORIOGRÁFICOS

Desde o triunfo da Revolução de Outubro e da proclamação do socialismo soviético, houve questionamentos a respeito do caráter socialista daquele processo histórico.

Os principais teóricos da *social-democracia europeia* (como, por exemplo, K. Kautsky), apontando para a sociedade agrária russa, para o *atraso* econômico e também para o autoritarismo crescente do partido bolchevique, enfatizariam a impossibilidade, teórica e histórica, do socialismo em terras russas. Ironicamente, desqualificariam a experiência como um *socialismo de quartel*. Num outro extremo das esquerdas, *anarquistas* (como Volin) e *conselhistas* (como K. Korsch) – uma corrente minoritária do socialismo europeu, presente na Alemanha e na Holanda – também registrariam, sobretudo depois da derrota da Revolução de Kronstadt, em 1921, a falência do socialismo soviético, por não democrático. Suscitariam uma questão que seria retomada nas décadas seguintes: sem democracia social, sem participação ativa e consciente dos trabalhadores (como queria a revolucionária Rosa Luxemburgo), não se poderia falar de socialismo. O socialismo soviético teria derivado para uma espécie de *capitalismo de Estado*, e alguns anarquistas (Volin entre eles) não hesitariam em dizer que a opressão sobre os trabalhadores na Rússia soviética era pior do que sob o regime czarista.

Lenin e os revolucionários russos responderiam pondo em dúvida a autoridade moral e política dos sociais-democratas europeus, que haviam abandonado as referências internacionalistas ao longo da Primeira Grande Guerra e insistindo sobre o caráter democrático dos sovietes, o que, se era fato comprovado até outubro de 1917, deixara de ser, progressivamente, como vimos, ao longo das guerras civis. Quanto aos anarquistas e aos conselhistas, os bolcheviques recusariam suas críticas, consideradas idealistas e sem sintonia com as circunstâncias que, segundo os bolcheviques, condicionavam as suas escolhas.

Nos anos 1920, o revolucionário L. Trotski, antes e depois da sua expulsão da URSS, proporia a crítica de uma gradual decomposição da revolução socialista na Rússia, apropriada – e desvirtuada – pelo fenômeno da *burocratização*. As bases da Revolução permaneceriam socialistas, mas as alturas do Estado tinham sido capturadas por elites descompromissadas com a revolução social, o que impunha a realização de uma nova revolução. O isolamento da Revolução e a proposta de construção do socialismo num só país consolidariam o domínio da burocracia. Na perspectiva de manter vivas as referências internacionalistas, L. Trotski liderou a fundação de uma IV Internacional que nunca passou, porém, de um agrupamento de pequenos partidos irrelevantes. Pouco antes da Segunda Guerra Mundial, prevendo o conflito, o líder bolchevique, no exílio mexicano, anunciaria que, se o sistema soviético sobrevivesse à guerra, suas análises e propostas teriam que ser reformuladas. Não viveu para ver, pois foi assassinado em 1940 pela polícia política soviética. Seus adeptos mantiveram, sem renová-las, suas análises, destacando-se I. Deutstcher, para quem houvera na Rússia uma *revolução inacabada*.

Nos anos 1930, retomando em chave negativa o conceito de totalitarismo, celebrado positivamente pelo fascismo italiano, B. Suvarin seria um dos pioneiros em caracterizar o regime soviético como totalitário. O conceito seria retomado com grande força no âmbito da Guerra Fria, suscitando uma torrente de análises e formulações à direita (como a de A. Besançon) e à esquerda (como a de C. Castoriadis), todas, de alguma forma, referenciadas em H. Arendt, que, no entanto, se distanciaria da instrumentalização rasa do conceito para justificar guerras contra a URSS.

Depois da Segunda Guerra Mundial, de outros ângulos, surgiriam formulações questionando o caráter socialista das Revoluções Russas e da União Soviética.

Os comunistas chineses, no contexto das divergências sino-soviéticas, desqualificariam o regime soviético como *revisionista*. A URSS, depois da morte de J. Stalin, teria enveredado pelo caminho da *restauração do capitalismo*, sem que se delimitassem exatamente os momentos e os procedimentos de ruptura entre o socialismo e o capitalismo. C. Bettelheim seria a expressão acadêmica maior dessa reflexão, também ele caracterizando a União Soviética como tendo optado pela restauração do capitalismo de Estado. A reflexão teria importância decisiva na história da China, pois ela é que forneceria a base teórica para a Revolução Cultural na China, destinada, segundo Mao Tsé-tung, a evitar o fenômeno que enterrara o socialismo soviético.

No contexto dos intensos movimentos sociais de fins dos anos 1960, e da multiplicação das denúncias dos campos de concentração soviéticos (feitas por A. Soljenitsin e V. Chamalov), retornariam com grande força os questionamentos sobre o socialismo soviético, destacando-se então novos tipos de crítica. Eles se fundamentariam na ideia de que haveria outras opções históricas para além do capitalismo e do socialismo. Assim, a União Soviética, vencido o capitalismo, teria enveredado, por opção ou por falta de condições, pela construção de um outro tipo de sistema, qualitativamente distinto do capitalismo e do socialismo. Alguns (como H. Morel) o associariam a tiranias antigas, aparentadas com o "modo de produção asiático", marcado pelo Estado onipotente e pelos grandes trabalhos, desenvolvidos por homens-formigas. Outros (como F. Claudin e V. Palmeira), destacando a formação de novas camadas dirigentes, o qualificariam como um novo regime – *tecnoburocrático*.

Ao longo da Perestroika, já mencionamos o fato de que na equipe de Gorbatchev ou entre seus correligionários (A. Yakovlev e I. Afanássiev), sobretudo depois de 1989, ganhou força a ideia de que nunca houvera socialismo na URSS. Recuperou-se a associação entre democracia e socialismo para recusar à experiência soviética o caráter socialista.

Em contraposição, desde os anos 1970, surgiu um novo conceito, o *socialismo realmente existente* ou, na sigla que o difundiu, o *sorex* (R. Bahro). A tautologia era defendida sob o argumento de que, para além da teoria socialista do século XIX, haviam-se construído, no século XX, regimes políticos, defendidos por seus adeptos na URSS, na China, em Cuba etc. como socialistas, e que esta situação real não deveria ser negada, mas considerada, explicada e interpretada.

Neste livro, como se observou, não há dúvida de que existiu socialismo na URSS. Entretanto, uma nova versão de socialismo, imprevista na teoria socialista, o *socialismo autoritário*. Ele marcaria indelevelmente o século passado, reaparecendo, com feições específicas, em outras experiências socialistas (China, Coreia, Vietnã, Cuba). O socialismo no século XXI, se e quando existir, terá que se haver com estas experiências para superá-las.

Bibliografia

AARÃO REIS, D. *Uma revolução perdida*: a história do socialismo soviético. 2. ed. São Paulo: Perseu Abramo, 2007.

_____. *A revolução que mudou o mundo*. São Paulo: Companhia das Letras, 2017.

AMALRIK. A. *1984, a URSS chegará até lá?* Rio de Janeiro: Bloch, 1971.

AVRICH, P. *La Révolte de Kronstadt, 1921*. Paris: Seuil, 1975.

BETTELHEIM, C. *A luta de classes na União Soviética*. São Paulo: Paz e Terra, 1979.

CARR, E. H. *A revolução bolchevique*. Porto: Afrontamento, 1977, 3 v.

CARRÈRE D'ENCAUSSE, H. *L'Empire éclaté, la révolte des nations en URSS*. Paris: Flammarion, 1978.

CHAMALOV, V. *Contos de Kolimá*. São Paulo: Ed. 34. 2016, 6 v.

CLAUDIN, F. *A crise do movimento comunista*. São Paulo: Global, 1986, 2 v.

DEUTSCHER, I. *A revolução inacabada*. Rio de Janeiro: Civilização Brasileira, 1968.

FERNANDES, L. *URSS*: ascensão e queda. São Paulo: Anita Garibaldi, 1991.

FERRO, M. *A Revolução Russa*. São Paulo: Perspectiva, 1974.

GORBATCHEV, M. *Perestroika*. Rio de Janeiro: Best-Seller, 1987.

HOBSBAWM, E. *A história do marxismo*. São Paulo: Paz e Terra, 1983-1989, 12 v.

HOUGH, J. *The Soviets Prefects*. Cambridge: Cambridge University Press, 1969.

INGERFLOM, C. *Le Tsar, c'est moi*. Paris: PUF, 2015.

KAUTSKY, K. *O caminho do poder*. São Paulo: Hucitec, 1979.

LEWIN, M. *The Making of the Soviet System*. New York: Pantheon Books, 1985.

_____. *O século soviético*. Rio de Janeiro: Record, 2007.

LINHART, R. *Lenin, os camponeses, Taylor*. São Paulo: Marco Zero, 1983.

MAIDANIK, K. "Depois de Outubro, e agora? As três mortes da Revolução Russa". *Tempo*. Niterói, Universidade Federal Fluminense, Departamento de História, n. 5, jun. 1998, pp. 9-43.

MAKHNO, N. *A revolução contra a revolução*. São Paulo: Cortez, 1988.

MEDVEDEV, R. *Era inevitável a Revolução Russa?* Rio de Janeiro: Civilização Brasileira, 1978.

MEDVEDEV, Z. *Um Stalin desconhecido*. Rio de Janeiro: Record, 2006.

MLYNAR, Z. (org.). *Perestroika, o projeto Gorbatchev*. São Paulo: Mandacaru, 1987.

MOREL, H. As discussões sobre a natureza dos países do Leste. In: NEVES, A. *A natureza da URSS*. Porto: Afrontamento, 1977, pp 229-252.

MOULLEC, G.; WERTH, N. (orgs.). *Rapports secrets soviétiques, 1921-1991*. Paris: Gallimard, 1995.

NEKRICH, A. *L'Armée rouge assassinée*. Paris: Grasset, 1968.

NEVES, A. *A natureza da URSS*. Porto: Afrontamento, 1977.

NOVE, A. *A economia do socialismo possível*. São Paulo: Ativa, 1989.

PALMEIRA, V. *URSS:* existe socialismo nisto? Rio de Janeiro: Marco Zero, 1982.

RABINOVITCH, A. *The Bolcheviks Come to Power*. New York/London: W.W. Norton, 1978.

_____. *The Bolcheviks in Power*. Bloomington: Indiana University Press, 2007.

REED, J. *10 dias que abalaram o mundo*. Porto Alegre: L&PM, 2017.

SAPIR, J. *L'Économie mobilisée*. Paris: La Découverte, 1990.

SEGRILLO, A. *O declínio da URSS:* um estudo das causas. Rio de Janeiro: Record, 2000.

SOLJENITSYN, A. *Arquipélago Gulag, 1918-1956*. Ed. abreviada. São Paulo: Carambaia, 2019.

TODD, E. *A queda final:* a decomposição do sistema soviético. Rio de Janeiro: Record, 1976.

TROTSKY, L. *História da Revolução Russa*. Rio de Janeiro: Civilização Brasileira, 1966.

VOLINE, V. M. *La Révolution inconnue*. Paris: P. Belfond, 1969.

WERTH, A. *A Rússia na guerra*. Rio de Janeiro: Civilização Brasileira, 1966, 2 v.

WERTH, N. *Histoire de l'Union Soviétique*. Paris: PUF, 1992.

ZASLAVSKAIA, T. *A estratégia social da Perestroika*. Rio de Janeiro: Espaco & Tempo, 1989.

GRÁFICA PAYM
Tel. [11] 4392-3344
paym@graficapaym.com.br